어떤 장면

2

옥천으로
대변한
'지역'

어떤 장면

황민호
권오성
이현경

2

옥천신문으로
대변한
'지역'

옥천신문

차례

- 07 들어가며

1장 다채로운 농업농촌의 삶

12 가스비 대란이 말해주지 않는 것

20 정부가 가시밭길로 떠민 지역화폐

32 평가절하된 시내버스의 가치

46 청년 공공주택은 꼭 원룸이어야 하나

52 옥천신문이 쓴 농업 기사는
농촌에 나타난 기후변화 보고서다

2장 자치를 가능하게 하는 숫자와 공간

66 인구실태를 보여줄 적절한 말 조차 없는 것이 진짜 위기

80 압축도시 공간적 범위는 단연코 읍면동 단위

92 면에 사는 청소년들이 감내해야 하는 것들

100 지역 발전 패러다임의 전복

106 돈으로 살 수 없는 것들

3장 옥천으로 마주한 농업농촌의 삶

122 농촌에서는 씨가 마르는 공공의료

138 지역 아이부터 시작해 모두를 살리게 된 옥천푸드의 시작

152 금강유역환경청의 물은 거꾸로 흐른다

158 금지옥엽, 금이야 옥이야를 시작하자

4장 자치를 가능하게 하는 사람과 제도

166 공공정보 접근성을 낮춰야 공적인 참여가 많아진다

176 마을 만들기에 대한 단상

184 머리만 아픈 주민참여예산제, 목소리를 허하라!

200 '옥천사람 순혈주의' 이제는 버리자

들어가며

　지역농촌에 살아보면 보건의료, 교육문화, 정치경제, 교통 및 이동권이 총체적 난국이라는 것을 실제로 체감하고 있습니다. 결핍을 넘어 내핍상태로 그냥 스스럼없이 받아들이고 체화하고 있는 형국입니다. 약국과 어린이집이 없는 면이 수두룩 빽빽하고, 버스가 일찍 끊기고 자주 없어 교통 불편이 가중되고 있으며 갓길도 없어 위험천만한 보행을 어쩔 수 없이 해야 하는 현실에 놓여 있습니다. 면 지역에서 개봉영화를 보거나 수영장에 가는 것은 언감생심입니다. 전체적인 인구감소에만 초점을 맞춰 이야기 하는데 우리는 안으로 더 들어가서 인구의 양적 문제에만 집착하지 말고 인구의 질적 문제를 바라봐야 한다고 생각했습니다. 대부분의 지역 농촌에서 읍면 불균형은 심각하게 일어나고 있고, 특히 농촌의 가장 기본단위인 면지역부터 급속한 사막화가 일어난다고 생각합니다. 이대로만 간다면 향후 10년 이내 면지역 학교는 모두 폐교될 가능성이 농후합니다. 없어지는 마을이 생길 것이며 결국 면지역은 논밭만 남고 읍에서 출퇴근하는 농촌으로 전락할 것입니다. 이는 유구한 전통과 문화가 남아있는 면단위 농촌이 파괴되는 것을 의미합니다. 또한 고령화 비율이 40%에 육박하면서 미래가 없는 농촌이 되고 있습니다. 무조건 인구를 늘리자고 하는 것보다는 읍면불균형을 바로잡고 청소년, 청년의 비율을 어떻게 늘릴 것인가에 대한 고민이 필요하다고 생각합니다. 또한, 농촌은 사람은 줄어드는데 차량은 늘어나고 있습니다. 이는 대중교통이 그만큼 불편한 상황이라는 것을 반증합니다. 기후위기 상황에서도 적절치 않은 통계입니다. 이동권, 대중교통에 대한 혁신이 필요합니다. 오히려 농촌에서 저상버스, 무상버스, 순환버스가 필요한데 들쭉날쭉한 과속방지턱으로 버스예산이 부족하다는 이유로, 거의 관행처럼 운행되고 있는 것이 현실입니다. 사회적약자의 이동권이 보장되지 않은 상황에서 청소년들은 타지 못하는 전동킥보드를 타다가 사망하는 것이 농촌의 현실입니다. 옥천신문은 끊임없이 지역 농촌에 산다는 것이 얼마나 열악한 환경에서 버티며 사는 것인지 각 분야별로 살펴보았습니다. 현장에서 녹여낸 삶의 실태와 이를 바꾸기 위해서 우리가 어떤 노력을 해야 하는지 소상하게 적고 있습니다. 이는 비단 옥천만의 문제가 아니라 군단위 농촌에는 비슷하게 사유하고 성찰할 수 있는 문제일 것입니다. 또한 농촌의 상황을 전혀 이해 못하는 도시 주민들에게는 이해할 수 있는 징검다리가 될지도 모르겠습니다. 농촌이 살아야 나라가 삽니다. 소멸되어가는 농촌에서 우리는 어떤 생각을 나누고 실천을 해야 할지 이 책은 의미있는 화두를 던지고 있습니다.

<옥천신문> 황민호 대표 드림

1장

다채로운 농업농촌의 삶

01
가스비 대란이
말해주지 않는 것

 지난(2022년) 겨울 가스비 대란은 한파로 한 번, 고지서를 보고 두 번 떨게 할 정도로 매서웠다. 겨울을 제외한 평균 난방비가 6천원 선인 1인 가구 입장에서도 12월 고지서에 찍힌 '7만5천380원'은 헉! 소리가 절로 나왔다. 직전 겨울 난방비와 비교해도 20%가 오른 금액이다. 20도로 맞춰놓은 실내온도를 18도로 내렸다. 바쁘디 바쁜 현대인의 일상은 집에 붙어 있는 시간이 잘 없기에, 출근을 할 때마다 외출과 전원 버튼을 번갈아 노려보며 갈등에 잠기기도 했다.

하지만 나는 알고 있다. 짧은 바지에 짧은 티셔츠를 실내복으로 입고 있는 지금의 나는 '배부른 고민'을 하고 있다. 경험적으로 알고 있다. '아파트'에 '도시가스'는 형편이 낫다는 것을. 재래식 주택(거실과 세면실 바닥에 보일러 선이 없다. 보일러를 틀어도 겨울이 되면 입김이 나온다. 마당에 별도의 수세식 화장실이 있다. 기름보일러) → 기숙사 → 원룸(LPG 가스보일러) → 공동주택(LNG 도시가스) → 아파트(LNG 도시가스)로 이어지는 주거의 역사에서 보일러를 틀지 않아도 "훈훈하다"고 느낀 공간은 공동주택 이상일 때부터였다.

옥천 내 도시가스 보급률은 28.9%로, 충북 도내 11개 시군 중 7순위다(2021년 기준). 옥천에 도시가스가 공급된 지 11년이 지났다. 아파트를 중심으로 한 공동주택은 이미 배관을 다 깔아 보급률이 한계치에 도달했다는 평도 나온다. '난방비 폭탄'으로 드러난 '에너지 대란'은 도시가

옥천신문 1625호(2022년1월28일자) | "연탄쿠폰으로 산 연탄 600장, 한 계절 못나"<옥천신문 자료사진>

스 보급률이 낮은 농촌 지역에 '먼저' 찾아 왔다.

　여전히 연탄보일러를 때는 곳이 있다. 연탄쿠폰을 받는 가구만 300세대가 넘는다. 면 단위 많은 주택이 기름보일러를 사용하고 있기도 하다. 연탄값은 2015년(공장 도매가 기준 373.5원)→2020년(656.75원) 5년 사이 최대 75%가 뛰었다. 생활비의 60%를 기름 채우는 데 쓴 사례가 등장하기도 했다. 하루가 멀다고 '가스비 대란' 소식이 쏟아져 나오고, 에너지 대란을 해결하는 데 무슨 도움이 될는지 모르겠는 '전 정부 탓 vs 현 정부 탓' 논쟁이 터지는 동안 불편했던 감정의 근원이 여기에 있었다. 에너지 대란은 이미 예전에 그리고 주거 환경이 열악한 곳부터 시작되고 있었다. 정부의 그리고 언론의 주목을 못 받았을 뿐이지.

　에너지 바우처 정책의 한계는 현장에서 바로 드러난다. 일단 바우처 정책 대상자의 수도 그리고 지원받는 금액도 충분하지 못하다. 예산이 못 미치는 곳에는 임시방편으로 봉사단체가 출동하고는 한다. 적십자회, 새마을회, 로타리클럽 등 겨울만 되면 연탄 봉사에 나선다. '질적'인 문제도 현장에서 쉽게 눈으로 확인할 수 있다. 연탄보일러를 떼고 있는 데도 방안에 온기가 돌지 않는다. 문과 창문에서 새어 들어오는 찬 공기 뿐만 아니라 벽에서도 한기가 느껴진다.

성인 2명이 누울 수 있는 넓이의 전기장판이 겨우내 생활 공간인 경우도 있다. 허락을 구해 '주방'과 '화장실', '세면실', '세탁실'을 확인하니 여지없이 수도관이 얼어 있다. 주방을 쓰지 못한다는 것은 먹는 것에 문제가 있다는 것이다. 화장실을 쓸 수 없다는 것은 보건과 위생 문제를 생각 할 수 밖에 없다. 현장은 묻는다. 에너지 불평등이라 '좁게' 해석해, 해결책을 에너지 바우처로 가둬둘 일인가? 난방비 취재하러 갔다가 머릿속에 각인된 것은 '집', 결국 집이었다.

독립운동가 취재로 군내 한 마을을 방문했다. 이장 핸드폰에 담긴 사진 자료를 문자로 받으면서 보게 된 각종 '화장실' 사진에 의문이 들어 물었다. "이장님, 핸드폰에 화장실(세면실 포함) 사진이 왜 이렇게 많으세요?", "내가 집집마다 쫓아다니면서 찍은거라고." 새뜰마을(주거환경이 열악한 지역의 생활환경을 개선하는 국토교통부 사업) 신청을 준비하면서 찍은 사진이다. 따뜻한 화장실은 바라지도 않는단다, 온몸이 시린 화장실만 아니면 족하다며 간절한 마음을 담아 자료를 준비하고 있었다. 종국에 바라는 바는 면내 대중목욕탕이 있었으면 하는 바람이었다.

"추워서 자주 못 씻고, 젊은 사람들이 노인들 보고 냄새난다고 싫어하고, 그것보다도 건강에 좋지 않은 문제까지 해결할 수 있는 대책"이 목욕탕이란다. '에너지 바우처' 지급 대상은 아니지만 노후주택에 살면서 사각지대에 이들이 살고 있다. 1개 읍, 8개면인 옥천 내 대중목욕탕은 옥천읍에만 있다. 그나마 인구수 4천명이 넘었던 이원면과 청산면에는 사설 목욕탕이 있었지만 인구감소에 따라 이용자 수가 줄면서 문을 닫았다. 각종 공모사업에 도전해 '목욕탕 건립 비용'을 마련하는 사례가 이어지고 있는 이유는 여기에 있다.

일각에서는 "자체적으로 운영비도 마련하지 못하는데 목욕탕을 지어서 어떻게 하겠다는 것이냐", "결국 목욕탕 운영비에 해마다 막대한 예산이 지출될 것이다"는 말이 나온다. 군내 노후건축물 40% 가량이 주거목적인데다, 비주택(비닐하우스, 판잣집, 쪽방 등) 거주도 777세대에 이른다(2020년 통계청 인구총조사 기준). 에너지 빈곤에 대처하는 자세가 바우처로 '가둔' 상황은 정책적 상상력을 빈곤하게 만드는 결과를 낳을 뿐이다.

글
이현경

[소기획 · 에너지 불평등, 주거 개선을 중심으로 ①]

에너지 빈곤층은 수급권 밖에도 있다 … "난방비 말고 주거 개선이 근본 대책"

△ 연간기사 이어집

A씨는 "연탄을 아껴 쓰려고 하루에 12장을 넣어야 하는데 7~8장밖에 못 넣고 있다. 기름은 비싸서 쓸도 못 쓰고 연탄이나 좀 더 쓸 수 있도록 해달라"고 호소했다.

A씨는 병이 들기도로 내려앉는 한옥에 도 방안에서 두터운 패딩을 입고 외투를 겹쳐 입고 있었다. 무엇보다 A씨의 집은 난방에 취약했다. 바깥과 맞닿아 있을수록 A씨의 몸이 되는 건 얇다란 소재 단열 새시 등 하나뿐이었다.

한국석유공사 오피넷에 따르면 지난 11일 기준 옥천의 등유 평균 판매가격은 리터(L)당 1천500원으로 지난해 같은 달(1천28원) 대비 47% 가까이 올랐다. 한 드럼(200리터)을 기준으로 보면 약 9만4천원의 비용을 감당해야 하는 셈이라 A씨에게 선택하는 에너지비로 큰 부담으로 다가온다.

옥천에서 연탄배달업에 종사하는 B씨는 "연탄값도 내년 3월부터 많이 올라다. 현재 1장 800원 수준에서 판매되지만, 3월부터는 장당 850원으로 바뀔 것으로 예상 된다"라며 "옥천군의 경우 과거에 비해 주문량도 해마다 나눌 잡은 편이라 연탄 수요 계층 들의 어려움이 커져 가고 있다"고 말했다.

문제는 에너지 가격 상승이 취약계층에게 더욱 혹독하게 다가온다는 것이다.

동에너지 사용자는 별당 30여만 원에 이르는 난방비와 함께 지난해 동기 대비 30%가 더 오른 생필품 수준의 3만원을 감당해야 할 판이다. 가구별 소득 중 난방비 지출이 차지하는 비율도 전체로 봤을 때 예상치가 아닌 연중 지출액의 아래 가구가 30%를 넘나들 것으로 예측된다.

C씨는 "기초생활보장 관련 그동안 난 방하는 제대로 오르지 있다, 겨울철 기름이 비싸는 계속 오르고 있다, 겨울철 기름이 너무너무 비싼 3, 4, 5, 6, 7%, 노는 데 그렇다.

야 라랑이고, 여름철 전기요가 비싸 걱정이다, 어느 쪽은 싸던 있다"고 답답해 했다.

이에 여러 활동대책이 D씨도 "가뭄을 넣어도 아침만큼 한번 힘 나가는 게 온돌방식 집 오래돈, 무엇보다 D 드릴 가는데, D 드릴 기준 제 그 외 생활비 50여만원을 기름값으로 지출한다고 밝혔다.

소득이 기초생활수급 기준 200만원까지도 오르지만 3만원에 쇼피 어느 정도 여유가 있던 분들도 편이 더 심각하다. 돈을 벌고자 과감한 제 집 정비 나 난방 만에 더 취약한 게 혐이다. 연금이나 원급 외에 별다른 수입이 없는 동에너지 특성상 저소득 보다 더 어려운 일이 많고 어려운 E씨는 "갈수도 있지만 어떤 부담된다고 생각했을 땐 집으로 가는 길이 더 맞이도 두려운 게 현실이다"라고 말했다.

무엇보다 난방에 취약한 노인들은 일회성 혹은 단기 취안지원 지원만으로는 상황 해결을 기대하기 어렵다.

A씨는 자식들 손으로 나누어 살 수 밖에 없는 최근에서 사는데는 집 깊이가 동굴에 가까워 A씨도 집도 지붕 낮은 의자 겸해 놓아 올려가 올라가 힘들 정도로 높은 A씨 도움 당분간 주거를 이동하기 어려운 C씨 의 심각한 상황도 크게 다르지 않다.

A씨는 "연탄살발부터 세수도 못하고, 머리도 못 감는 일에 대한 것이 기름도 부모 걸리고 있다고 한다. 일전만 동해 한 번 겉 것도 얇고 추워서 매일 방마다 볼이 자꾸 이 있다"라고 말했다.

C씨도 F씨의 집 화장실은 옷 주머 니에 추가도 보일러 배관 깔에 젖져있었다. 춘쯤부터 번기가 얼어 있어서 제대로 E씨는 몰기에 몸이 얇은 속이 서 도치 일부로 변기 쓰는 것부터 목욕이나 세수까지 맞은 다야 한다 고혹한 지낸다.

이에 E씨가 집 화장실에 넣들을 쳐 기름 지출의 뒷마을 사람까지 일한 시리 는다며 불참을 호소하는 사람들이 많았다.

■ 정부 난방비 지원을 의미한 주거 ↔ 에너지 빈곤층 수요조사, 주거환경 개선 등 근본 대책 필요

정부가 관계시는 나아한 이해의 한내 에너지 취약계층을 위한 대책을 앞다가 내는 이 문자는 에너지 반곤물이라는 인상을 지우기 어렵다. 에너지 취약계층은 상대적으로 쇼득 다르게 에너지 주머쓰 나오지 않아 (주로 지내며 편한) 이른바 얻다 1이월 1에서 대한 일회성 현안 로 보인다.

A씨는 "연탄보일러가 한 번 세수도 못하고, 머리도 못 감는 날들이 많아 기름도 부모가 있다. 일전만 동해 한 번 겨 거시도 하고 추워서 매일 방마다 불이 잘 이어 있다"라고 말했다.

가장 깊어 3에너지 취약계층에도 오 프로 에너지 상황시제를 준다고, 이처럼 이 4세 주민 동통이 에너지 바우처 단가를 올 편 가구당 34만 5천원(가구 기준)으로 인상 약 단통해 보지원을 바우처도 부터 늘리 단통해 보지원을 바우처도 부터 늘리 며 또 한 인양 동안 지원 재산비 64만원 금액으로 대책 마련하고 있다.

지난해 정부는 이 같은 지원 속에도 한파 에너지 취약계층에도 에너지 관련 생활 비용을 절대 내려받고 취할수 자방에 실의 어느 것도 이어졌다. 실신 이 소비자 수준에 비해 열병에 관한 소비자에서 구유 그 편이 미통했고 이 라야 각 가 난 분 이 특별 넘고 취한난도 이라 도 이 경우 에너지 취약계층에 에너지 지비 노부 지원이 있고 돌아 이 방은 경험이 더 있어 있을 것 이며 사람이 정해지는 내용이 가상 정이야 여기 때문이다.

이야 "무엇보다 난방비 지원을 위한 대책에 대한 중심으로만 이루어져야 한다, 에너지 지원도 맞지 않는 들에서는 엔건이 이어지는 기를 유리를 보강을 포함한 반만부 대책의 주택인구을 그리켜야 한다고 하는데 대한 이 더 많은 이야기로 가장 근본적인 대한 보호를 받기 위한 제한이 있다. 재의 두 번이야 할 일 수 없다, 이 대원이 실제 마음속에는 기존실의 들 상태에만 맞다가야 다리 앉게다."

수급자 중심의 난방비 지원만으로 남 녁볼 수 없는 부분가 잡몬고 있다.

옹내에 자주 찾는 청대 초년 노인 F 씨는 "어디가 아파도 손자에 겨 지울 수 있도록 사는 건 배가 가지를 때 때 지움이 안 되니 기름도 때로소 축을 지탕이고 살해를 읽어놓고 있다.

등유 바우처의 대상자 또한 전국 센터 가구에 불과해 요금가 미만의 자식이나 이 요지, 옥천군에 따르면 지난해 12월 기준 우리지역 에너지 바우처 신청자는 1천200여명, 등유 바우처의 경우 15가구 수준이다.

반대 옥천군에도 소간계에서도 지원 사 슴에 시대별보다 2구 기단계 한편 지원에 나 성는 진회의 시 포함 부담별 에너지 중분다가 나오는데 등이 가만해 설명이다. 이후 반과시설에는 정점을 사무지중 원이 반과시설에는 정점을 사무지중 원이 "수요자판이 아니라 미 열거 업체의 의해 새료 생활방식에 에너지 효율 이 뒷 생활방비에 에너지 비움에 결정되는 것이다, 집주 처분자 바꾸지 못하는 전세시 지자의 처 취이 있는 점통 이유에 성능이 불가합 별 라면 "어른 공화자 지원 대상으로 바 원한 지자 않도록 아들이지 않아야 사실 에 가장 긴급한 성치를 지원하고, 경제적 지원의 지원은 상황이다고 지적했다.

oh@paleontology.co.kr

02
정부가 가시밭길로 떠민 지역화폐

지역화폐는 어느 날 갑자기 툭 하고 떨어지지 않았다. 지역상품권이라 불린 상품권은 옥천에서는 2006년 등장했다. 기존에 있던 '농협상품권'에 옥천군 도장을 찍고 지역상품권이라 불렀다. 얼굴에 점 하나 찍고 다른 사람인양 유혹에 나섰던 어느 드라마의 주인공은 목적을 달성했다지만 옥천 최초의 지역상품권은 목적한 바를 달성하지 못했다. 무너져 가는 지역상권을 살릴 정책을 요구하는 주민에게 면피용 대책으로 활용됐을 뿐이다.

옥천 내 사업자등록을 한 업소에서는 사용할 수 있었

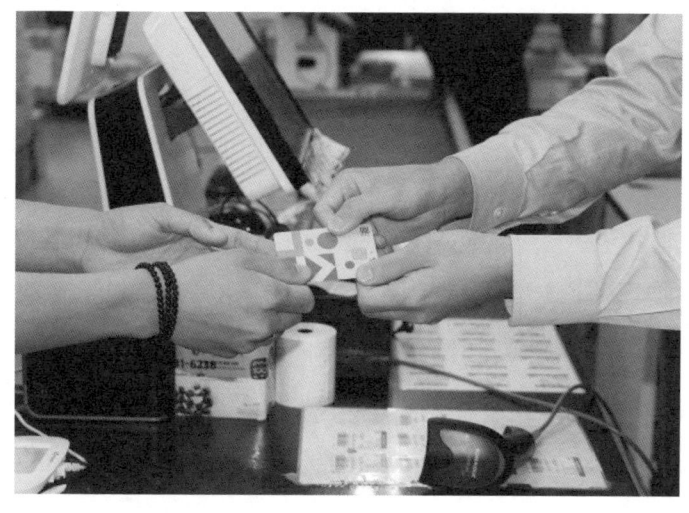

지만 농협상품권이라는 태생적 한계는 소비처의 확장에 걸림돌이 됐다. 농협이 운영하는 하나로마트 내 이용률이 지속적으로 높게 나타나자 일부 상인들은 농협만 특혜를 주는 정책이라 비판하기도 했다. 옥천군 도장을 찍으면서 '옥천군 지역 외에서는 사용을 제한합니다'는 문구를 새겼지만 강제할 방법은 없었다. 옥천 밖 하나로마트에서도 유통이 된다는 제보가 신문사로 쏟아졌다. 결과적으로 외

부지역으로 유출되는 소비를 막는 효과도 제한적이었다.

　발등에 불이 떨어진 것은 당장 먹고사는 문제가 달린 지역 상인이었다. 기차로 10분, 자차로 20분, 시내버스로 30분 걸리는 '생활권'에 대전이라는 대도시가 있는 옥천의 특성상 외부지역으로 유출되는 소비는 상당할 것이라 내다봤다. 수치화된 데이터는 없지만 옥천 주민 스스로가 대전에서 소비하는 것이 상당하니 대전으로 빠지는 돈이 적지 않을 것이라는 추측에 부정하는 이는 많지 않았다.
　이는 옥천만의 문제가 아니다. 생활권 내 대도시를 끼고 있는 소도시에서 나타나는 공통된 특징이다. 대구 옆 칠곡이, 전주 옆 완주가 그런 동네 중 하나다. 이 도시들에서는 지역화폐 정책이, 로컬푸드 정책이 선도적으로 나올 수 밖에 없는 지리적 특성이 있었던 것이다. 다시 옥천의 상황으로 되돌아가자면 옥천공설시장 상인회는 농협상품권, 온누리상품권 등 사례를 차용해 공설시장 안에서만 사용할 수 있는 상품권을 발행했다. 회수율은 90%에 달했고, 상품권이 지역 상권 활성화에 활기를 불어넣을 수 있다는 결과를 도출했다.

농협상품권과 헤어질 결심을 하는 데는 10년이 걸렸다. 옥천군이 자체적으로 발행하는 지류형 상품권 '옥천사랑상품권'은 2016년 등장했다. 5천원권, 1만원권이 유통됐는데 정책의 필요성과는 별개로 성과는 낙제점이었다. 유통되는 지역상품권의 절대량을 공직사회가 소화했다.

옥천사랑상품권의 연간 유통량은 20억 수준이었다. 필요할 때마다 소비자가 직접 금융기관을 방문해 지역상품권을 구입 후 사용하는 방식인데 이 불편함을 기꺼이 감수하는 사례가 적었다. '카드형' 지역화폐의 등장은 모든 상황을 반전시켰다. '한 차례' 수고로움으로 향수OK카드를 발급받으면 지역 내 주소를 둔 사업장 '어디에서도'

사용이 가능했다.

 평시 5%, 명절 10% 페이백이 되니 안 쓸 이유가 없었다. (현재는 평시 10% 페이백이 된다.) 카드형 지역화폐는 등장과 동시에 옥천사랑상품권 총 판매액 100억 시대를 열었다.

 지역화폐는 각종 수당 정책과 만나 시너지를 내고 있다. 각종 현금성 지원 정책이 지역화폐와 만났다. 옥천에서는 '농민수당'을 지역화폐로 지급하고 있다. 농사만 지어서는 생계유지가 힘든 현실을 그리고 법률상 명시된 농업농촌의 공익적 기능을 외면하고 무시하지 말라며 주민발의로 만들어진 것이 농민수당이다. 농민이 농사를 짓는 것은 그 자체만으로 식량을 안정적으로 공급하고, 국토환경과 자연경관을 보전하고, 토양 유실과 홍수를 방지하며, 수자원을 형성하고 생태계를 보전하는, 궁극적으로 농촌을 떠나지 않음으로써 농촌이 유지되고 고유한 전통

연 매출액 30억 초과 가맹점 향수OK카드 사용제한 안내

정부 지침에 따라 2023년 6월 30일부터
연 매출액 30억 초과 가맹점에 대해서는
향수OK카드 사용이 제한되오니
양해부탁드립니다.
다만 농민수당 등 인센티브가 제공되지 않는
정책발행상품권는 연 매출 30억 초과 가맹점에
서도 사용이 가능합니다.

6월 30일부터 "결제매장 찾기"에서
가맹점 확인 가능

다음

과 문화를 보전하는 것임을 인정하는 것이 농민수당이다. 이 같은 당위성에도 불구하고 농민수당이 도입되기까지 여러 차례 큰 산을 넘었다. 직능별 갈등은 농민수당이 넘은 산 중에 하나다.

1차산업은 모든 산업의 근간이지만 이것만으로는 "농업인이라는 직업군에만 현금성 지원을 한다"는 여론을 설득하기는 버거웠다. 현금은 현금인데 지역 안에서만 쓸 수 있는 지역화폐로 지급해 지역 안에서 소비토록 해 선순환 구조를 만들겠다는 '장치'가 지역 내 상인을, 지역 내 소상공인을 설득하는데 유효했다. 농민수당을 지역화폐로 지급한다고 했을 때 비로소 농민만이 아니라 상인도, 소상공인도 찬성하는 정책이 된 것이다. 2020년 기준 농가당 농민수당을 지급했을 때 충북도 안에서 쓰일 농민수당은 450억 수준이었다. 농민수당은 농민의 권리만 지키는 것이 아니라 지역 내 상인, 소상공인의 권리 역시 지켜내는 정책이다. 어떤 정책은 하나의 정책이 둘 이상의 효과를 내는데 지역화폐가 딱 그렇다. 각종 수당 정책이 지역화폐와 만나 시너지를 내야 한다.

<옥천신문>은 올해 신규사업으로 '옥천 청소년 독자위원회'를 모시고, 독자위를 운영 중이다. 청소년 독자위원은 <옥천신문>을 읽고 가장 인상 깊었던 기사를 선정해 '이주의 기자상'을 수상한다. 1회 수상작이 바로 지역화폐 보도다. 정부가 지역화폐에 대한 투자를 줄이고 궁극에는 관련 예산을 전액 삭감하려는 움직임에 따라 지역에 미치는 영향을 담은 기사를 이주의 기자상으로 뽑았다.

청소년 독자위원은 "주민의 삶과 밀접한 관련이 있는 주제이자, 청소년에게도 와닿는 주제가 지역화폐다", "저희 어머니께서 항상 사용하시는 카드라 저만 이 기사를 본 게 아니라 어머니와 함께봤다", "옥천에 살면서 옥천 주민에게 많은 도움을 주는 정책이라 관심이 갈 수 밖에 없다", "반드시 이 문제에 대한 개선이 필요하다고 생각해서 선정했다" 등 선정 사유를 밝혔다. 지역화폐는 이미 지역주민 삶의 일부가 됐다는 설명을 굳이 덧붙여 할 필요가 없는 사유다.

정부는 연매출 30억 이상 사업장에는 지역화폐 사용을 제한했다. 연매출 30억이 기준이 된 이유를 합리적으로 설명하지 못한다. 연매출 30억 이상인 사업장을 사용처에서 제한하는 '행정력'이 소비됐다. 이중 어느 사업장이 어느 해 연매출이 30억을 달성하지 못하면 다시 가맹점이 된다. 이를 수정·보완하는 '행정력'이 또 들어가야 한다. 6월30일 0시부터 일부 사용처가 제한 됐는데 닷새도 되지 않아 현장에서는 혼선이다.

인센티브를 지급하지 않는 가맹점으로 뒀으면 덜 했을 혼선이다. 카드(카드형 지역화폐) 자체를 못 쓰게 해 여러 종류의 카드를 들고 다녀야 하는 '수고로움'이 더해졌다. 한 차례 수고로움으로 지역 안 사업장이라면 어디서라도 사용이 가능했던 편리함을 순식간에 '불편함'으로 만들어 버린 것이다. 지류형 지역상품권도 카드형과 마찬가지로 5~10% 할인율이 적용됐다. 하지만 카드형 지역화폐 만큼 파급적인 경제유발 효과를 내지 못했다. 카드형 지역화폐의 성공에는 소비자가 편리하게 지출을 할 수 있도록 한 '편의성'이 지대한 몫을 차지한다.

지역화폐 정책을 부정하는 논거로 자주 거론되는 것이 '소비의 총량'이다. 소비의 역외유출을 막아 지역 안에서 매출이 증가한다는 것은 동시에 인접 지자체의 매출은 감소한다는 것으로 소비의 총량에서는 변화가 없다는 논리다. 역설적으로 이 논리가 지역화폐가 지닌 가치를 보다 명확하게 설명한다. 지역화폐는 분배의 정의를 실현한다. 자본이든 인구든 규모의 경제화를 앞세운 자금의 집중을 막는 장치가 지역화폐다. 대기업으로, 대도시로 빨려 들어가는 것을 막는다.

수도권 집중화를 막고자 별도 기금을 만들어 재원을 푸는 정부가 소비의 집중화를 막는 하나의 장치인 지역화폐 무력화는 모순이 아닐 수 없다. 지방분권을 말하면서도 예산을 틀어쥐고 지역화폐 정책을 정착시키려는 지자체를 압박하는 꼴이기도 하다. 규제 개혁을 이번 정부의 정체성으로 삼으려고 하면서 지역화폐 관련 규제가 켜켜이 쌓여가고 있는 것은 모순의 끝판왕이라 부름직하다.

글
이현경

03
평가절하된 시내버스의 가치, 재조명 필요

 또래보다 상대적으로 이른 시기 차를 구입했다. <옥천신문> 입사 후 한 달이 지난 시점이었다. 갚아야 할 학자금 대출이 남았지만, 차를 산다는 것은 선택 사안이 아니었다. 언제 올지 모르는 시내버스를 기다리면서 현장 취재를 한다는 것은 사실상 불가능했기 때문이다. 천만원을 호가하는 신차는 어불성설이요, 중고차를 '알아보는데', 차에 대해 그다지 아는 것이 없었던 25세 청년은 그때 대체 무엇을 알아보고 산 것인지 지금도 미스터리다. 아홉 개의 지하철 노선과 7천대가 넘게 운영되고 있는 시내버스,

마을 곳곳으로 향하는 마을버스까지 '서울 시민'이었다면 최소한 대중교통을 이용할지, 차를 살지 선택지는 있었을 것이라 짐작한다. 오히려, 차를 사지 않았을 것 같다.

 '서울 출장'이 있을 때면 묻지도, 따지지도 않고 대중교통을 이용하고 있기 때문이다. 사회생활 시작과 동시에 빚을 져 차를 샀다. 차만 사면 끝일 줄 알았던 순진한(?) 20대 청년은 100만원이 넘는 보험비를 내면서 손을 부들부들 떨었다. 살아생전 한 달 소비로만 700만원 가까운 돈을 낸 것이 처음이었기에 2014년 5월을 잊지 못한다. 그날의 생각도 잊지 못한다. "정부가, 지자체가 '개인'에게 '비용'을 '전가'하고 있구나!"

 불편한 대중교통망으로 개인에게 비용을 전가하는 농촌 지역의 현실은 10년 전과 비교해 나아졌을까? 때마침, 옥천군 청산면 인정리에 취재가 있어 대중교통을 이용해 취재를 간다고 가정해보았다. '옥천역→영동역→시내버스→도보1.7km' 2시간10분이 소요된다. 영동역에서 인정리까지 가는 시내버스 513번은 하루에 두 번 운영되니 시간을 잘 맞춰야 한다. 취재는 오후 4시10분 전에 마쳐야 한다. 취재처로부터 가장 가까운 거리의 버스정류장에는 오후4시가 지나면 나가는 시내버스를 만날 수 없다. 3km 가량 떨어진 청산버스공용터미널까지 30분 넘게 걸어서 이동해야 신문사로 돌아오는 다른 시내버스를 탈 수 있다. 차로 가면 33분이면 도착할 거리(39km)인데 말이다.

참고로, 편도 2시간 소요면 충청북도 옥천군 옥천읍에 소재한 옥천신문에서 서울시 중구에 위치한 서울시청에 '대중교통'으로 갈 수 있는 시간이다. '차'를 몰고 서울시청을 간다면 3시간 가량은 걸릴 거리(173~191km)다. 10년 전과 비교해 딱히 나아진 점을 찾지 못했다.

수도권 과밀화 대안으로 '메가시티'가 등장했다. 이때 어김없이 등장하는 숫자가 있으니 '30'이다. 거점도시 간 30분 내 이동이 가능토록 '교통망'을 갖춰 여러 개의 도시를 하나의 생활권으로 묶겠다는 전략이다. 정부 메가시티 안에서 – **많은 부분을 동의할 수 없지만** – 생활권을 바라보는 개념은 공감이 된다. 30분 사이 이동할 수 있어야 하나의 생활권이다. '대중교통'으로만 30분 내 이동할 수 있는 옥천군내 지역들을 묶어보면 옥천읍과 청산면은 하나의 생활권이라 할 수 없다.

정부청사가 이전된 세종시를 중심으로 한 충청권 메가시티가 적어도 지난 정권에서는 주목을 받은 대안 중 하나였다. 세종시와 대전시, 충북의 청주, 충남의 천안·아산을 묶어낸다는 전략인데 이 핵심 4개 도시를 30분 내로 묶기 위한 '광역철도' 정비가 중요 과제로 떠올랐다. 역과 역을 오가는 광역철도가 많아지면 한 생활권이 될 수 있

옥천신문 1626호(2022년 2월 11일자) | 삽화: 김윤 작가

을까? '역'이 최종 목적지가 아닐진대. 광역철도망 정비에 상당한 토목공사가 예상되는 만큼 이 전략으로 돈을 버는 이는 분명해 보인다. 광역철도망에 예산을 쏟아붓는 것이 가장 시급한 것일까.

대부분 지역에서 시내버스 운영은 적자다. 충분한 양

의 서비스가 제공되느냐는 논외로 두고, 경제성만 따지면 진작 없어졌어야 할 사업이다. 하지만, 현실은 적자 사업임에도 시내버스는 오늘도 굴러간다. 그것도 이익 극대화를 추구하는 '민간기업'이 운영 키를 잡고. 옥천군을 포함한 다수의 지자체에서 시내버스를 민영제로 운영하고 있다. 이상한 운영구조를 떠받드는 것은 '공적 재원'이다. 옥천군만 해도 민간기업이 운영하는 시내버스 사업에 적지 않은 예산을 투입하고 있다.

벽지노선운행버스 손실보상금, 농어촌버스 운송사업 재정지원, 오지도서 공영버스 지원 등 관련 예산만 40억 고지를 앞두고 있다. 심지어, 버스 내구연한이 도래하면 버스도 공적 재원으로 사주고 있다. 혹자는 이를 두고 시내버스 운송을 "황금알을 낳는 거위"라 말한다. 적자이지만 '최소한' 손해는 보지 않는 사업이기 때문이다. '최대한'은 이익도 기대할 수 있다. 옥천군이 지원하는 벽지노선운행버스 손실보상금은 '운송원가'를 산출해 지원하는 방식인데 이 운송원가에는 관리직 임원의 인건비도 포함된다. 기본급과 수당 등을 합친 금액은 매달 1천만원이 넘는 수준이다. 운송원가가 과다 계상됐다는 문제는 비단 옥천에서만 제기되는 문제가 아니다. 운송원가 부풀리기로 보조금을 부당하게 집행한 사례는 검색으로도 심심치 않게 찾을 수 있다.

시내버스 운송을 민영제로 가져갔을 때 '이점(?)'을 생각해 보았다. 이상한 버스운영구조를 아는 이들은 "시내버스 운영할 때 들어가는 비용의 많은 부분을 이미 옥천군에서 책임지고 있다면 공영제를 해도 되는 것 아니야?" 의문이 들지만, 민영제일 때 지자체 입장에서 확실한 이점이 있다. 버스노선을 늘려달라는 민원으로부터 지자체는 항변의 말이 생긴다. 민원인의 불편함에 공감은 하지만 민간사업을 두고 지자체가 관여할 수 있는 부분은 한계가 있다는 답이 가능하다. 2014년 버스공영화를 가장 먼저 해낸 신안군은 32개 노선을 44개로 확대했다. 여기에 16대 차량이 새롭게 투입됐다. 10년이 지난 지금은 100여 개 노선까지 늘었다. 2020년 버스공영제를 실시한 정선군 사례를 보면 노선은 57개에서 54개로 줄었지만 운행 횟수를 두 배로 늘려 배차 간격을 줄였다. 민간기업에 주는 예산보다 공영제로 운영했을 때 예산이 10억 가량 더 늘었다. 지자체 입장에서 공영제 전환이 무서운 것은 결국 폭발적으로 늘어날 노선과 운행 횟수에 따른 예산 증액이 아닐까.

불편한 교통망을 개선해 달라는 목소리는, 적어도 옥천에서는 특정 계층으로부터 뚜렷하게 들린다. 무엇보다도 '청소년'의 목소리가 크다. 빚을 져서라도 차를 사고, 운행할 수 없으니 어쩌면 당연한 결과다. 버스 배차 간격은 당장 등·하교에 영향을 미쳤다. 면 지역에 위치한 안내

중학교, 청산고등학교 학생들은 1교시 시작 한 시간도 더 전에 교실에 도착해 '밀린 잠'을 청하기 일쑤였다. 그 다음 버스를 타면 1교시 수업을 들을 수 없다. 교통망이 엉망진창이니 쉴 권리를 침해받고, 학습권을 침해받는 꼴이다.

'이동권' 헌법적 권리로 누구나 차별 없이 권리를 누릴 수 있어야 하는 이유는 이처럼 이동권이 침해받았을 때 다른 권리 역시 제대

◀옥천시내버스 모습. <옥천신문 자료사진>

로 지켜지지 않기 때문이다. 하교 시간으로 가보자. 작은 도서관, 청소년 문화의 집 등 방과 후 프로그램을 활성화 해도 집에 돌아갈 이동 수단이 마련돼 있지 않으면 말짱 도루묵이다. 집에 돌아갈 수 없기 때문에 프로그램에 참여하고 싶어도 그럴 수 없는 구조다. 정책을 제안할 수 있는 자리만 만들어지면 시내버스 운영을 대폭 개선해 달라는 요구가 빗발치는 것은 이 때문이다. 안타깝게도 대중교통 이용이 가장 많을 수 밖에 없는 연령층은 투표권이 없다.

옥천군의회가 중심이 된 '버스공영제' 공론화는 절반은 실패했다. 버스운영 구조의 문제점을 알리고, 공공서비스 양적·질적 확대를 위해서는 결국 버스공영화를 이야기 하지 않을 수 없다는 문제의식을 공유하는데는 성공했지만 결과적으로 옥천군은 아직 민영제다. 하지만, 그 어느 때보다 활발히 버스 논의가 진행 중이다. 전략이 조금 달라졌다. 인구감소에 대응하기 위한 대책으로 '면 순환버스'가 화두에 올랐고, 만성적인 옥천읍 지역 주차난 해결을 위한 열쇳말로 '읍 순환버스' 필요성이 이야기되고 있다. 지난해 선거에서 읍·면 순환버스 도입 필요성에 공감한 후보자들은 당선 이후 면 순환버스 도입을 위한 연구모임을 만들어 방안을 모색 중이다.

　인구감소 대응과 면 순환버스의 상관관계를 살펴보자. 옥천군 역시 지속적으로 인구가 줄어드는 농촌 지역 중 하나다. 그나마 대전과 연접한 옥천읍이 인구감소 폭을 완화하는 완충 역할을 하고 있다. 대전, 옥천읍과 거리가 먼 지역 순서로 빠르게 인구가 줄고 있다. 옥천 안에서도 균형발전이 면 지역을 중심으로 진행해야 한다는 공감대가 만들어 질 수 밖에 없는 수치들이 계속해서 튀어나오고 있다. 면 순환버스는 그 중심에 있다. 면 소재지에 학교, 우체국, 지역농협, 보건지소, 각종 체육시설, 작은 도서관, 복합문화공간, 목욕탕 등 삶의 질을 높이는 시설을 짓고 순환버스로 마을과 면 소재지를 잇는 것이다. 이는 정부가 주장하는 '30분 생활권'을 만드는 것으로 순환버스는 소재지에서 벗어나 있는 배후마을도 소재지에 투자되는 각종 생활SOC 시설을 누릴 수 있게 하는 역할을 하는 것이다. 결과적으로 면 소재지 활성화를 기대할 수 있고, 생활에 꼭 필요한 각종 시설을 30분 내로 오갈 수 있다는 것은 사는 곳을 떠날 이유를 줄여주는 근거가 될 수 있다. '이동수단'으로서 버스, 그 이상의 가치가 있는 셈이다.

읍 순환버스가 가지고 있는 가치는 면 순환버스와는 또 다른 양상이 있다. 옥천은 2만5천 세대가 조금 넘는데 등록 차량수가 세대수와 비슷한 수치를 기록하고 있다. 한 집당 차 한 대는 있는 셈인데, 옥천 안에서도 인구가 집중돼 있는 옥천읍 시가지는 항상 주차난에 시달리고 있다. '걸어 다니기' 애매한 거리가 태반인데 차를 몰고 나오는 것 외 달리 생각할 이동 수단이 없으니 차가 몰리는 것이다. 주차난이 사회문제로 떠오르면서 주차장을 짓는데 예산이 투입되고 있는 실정이다. 읍 순환버스가 차를 가지고 나오지 않아도 될 만큼 운행 횟수를 보장한다면 첫째 주차난이 해결될 것이요, 둘째 차량 운행이 줄면서 탄소 배출 역시 줄어들 수 있을 것이다. 탄소배출을 줄여야 하는 정부가 정책 방향을 전기차, 수소차에 투자하는 만큼만 공공교통 강화에 관심을 가진다면 농어촌 지역에서 벌어지는 일들의 상당 부분을 해결할 수 있지 않을까.

글
이현경

04
청년 공공주택은 꼭 원룸이어야 하나

전국 지자체들이 청년들을 유치하려 난리다. 창업지원금도 주고, 세제혜택도 주겠다며 앞다퉈 경쟁 한다. 옥천과 같은 농촌지역은 사활을 걸었다 할 정도로 비장하다.

고령화와 인구감소 문제를 해결하기 위해 엄청난 노력을 하는 것 같지만, 조금만 가까이 들여다보면 분위기가 반전한다. 정책을 만들때나 행사를 할 때야 뭐든 할 것처럼 보이지만, 여전히 근본적 변화는 보이지 않는다. 지자체는 인구정책의 핵심주체지만 지금도 큰 관심이 없고 느긋하다. 할만큼 했으나 청년들이 관심이 없다고 푸념한다.

전국이 다 비슷한 상황이라는 면피용 논리도 빠지지 않는다. 청년들은 쉽고 편한 일만 찾아서 하려한다는 일반화 오류도 곧잘 등장한다.

택배, 알바, 계약직 등 우리고장에서도 많은 청년들이 힘들고 어려운 일을 하고 산다. 그들 눈에는 안보이는지 모르겠지만 먹고사는 최소한의 조건을 충족하기 위해 아둥바둥 하는 청년들은 우리 주변에서 너무나 쉽게 볼 수 있다. 산업체에서는 일할 사람이 없다지만, 그나마 어려운 산업을 유지하는 큰 축도 청년들이다.

이들에게 청년들을 위한 정책은 언 발에 오줌보다 못하다. 옥천에서 그나마 진전이 있는 청년 공공주택도 별반 다르지 않다.

청년은 6평, 신혼부부는 10평

24년 6월 옥천읍에 공공주택인 삼양리 행복주택이 완

공돼 입주가 이뤄졌다. 처음으로 청년들을 위한 주택이 마련됐으나 21제곱미터(약 6평) 원룸이 전부였다.

'청년주택 = 원룸' 등식은 현재 공공주거정책이 청년들을 어떻게 보는지 단적으로 알려준다. 원룸은 단기간 지내다 떠나는 구조로 거주용 주택이라 보기 어렵다. 지역사회에서 최소 수 년을 살아가며 정착할 시간과 여건을 주는 게 아니라, 2년 안팎 기간 내 정착하든 떠나든 결정해야하는 일종의 임시거처다. 공공기관은 청년들이 살 공간이 아니라 임시거처로 쓰는 공간을 마련한 셈이다.

거주기간 연장을 할 수 있다지만 원룸 환경은 장기거주가 사실상 어렵다. 원룸은 생활도구들이 모두 한 공간에 모여 있어 먼지농도가 높고 실내 공기질도 좋지 않다. 게다가 공간이 좁아 집에 돌아오면 식사와 잠자는 것 이외 활동을 하기 어렵다. 신혼부부를 위한 공공주택이라고 해서 크게 다르지 않다. 크기는 36~44제곱미터(약 10~13평)로 원룸보다 크지만 아이를 낳고 키울 수 있는 구조로 보기 어렵다. 2024년 7월29일 정부는 가구수에 따른 면적 제한을 폐지했지만, 장기 거주를 목적으로 하지 않는다는 본질은 달라지지 않았다.

원룸에도 청년이 살 수 있고, 신혼부부 공공주택에서도 아이 낳고 키울 수 있지 않느냐 반문할지도 모르겠다. 예전에는 단칸방에서 아이를 낳아 키웠다는 경험담도 나온다. 맞다. 원룸에서도 신혼부부 공공주택에서도 얼마든지 살 수 있고 양육을 할 수 있다. 그러나 과거 경험과 단순히 '살수 있다'는 조건이 공공주택 거주민들을 더 불편하게 해야 할 근거가 될 수는 없다. 오히려 경제적으로 취약하고 경험이 부족한 청년들이 더 좋은 환경에서 생활할 수 있도록 돕는 게 공공기관과 지역사회가 추구해야 하는 가치에 더 합당하다.

도시보다 구하기 어려운 농촌주택

그나마도 읍은 면보다 상황이 낫다. 면지역은 최소한

인프라도 갖춰지지 않은 곳이 허다하다. 빈집이 넘쳐나는데도 정작 살 집을 못 구하는 모순이 면지역의 일상이다.

농촌으로 거처를 옮긴다는 건 단순히 이사하는 걸 넘어 본인의 삶의 방식과 인간관계를 바꾸는 중차대한 일이다. 농촌지역에 정착하는 건 시행착오도 많고 실패할 확률도 높아 초기에는 거주지를 매매보다 전월세를 선택하는 경우가 많다. 집을 덜컥 샀다 이도 저도 못하는 상황이 발생할 수 있어서다. 하지만 농촌지역은 전월세 매물 자체가 거의 없다. 우스갯소리로 농촌에서 전세 구하기는 서울 강남보다 어렵다 할 정도다. 양질의 공공주택 공급이 더 시급한 곳이 면지역이다.

농촌에 청년들이 돌아오고, 소멸 위기 지역사회에 활기가 돌려면 청년들이 안정적으로 활동할 기반을 마련해야 한다. 읍과 면지역에 양질의 공공주택을 마련하고 청년과 귀농귀촌인들이 미래를 불안해하지 않으며 살수 있다면, 청년의 지역정착은 자연스레 증가할 수 있다.

공공기관에서는 인구가 늘어야 공공시설도 확대할 수

있다고 이야기한다. 사람도 있어야 집도 짓고, 학생이 늘어야 학교를 분교 및 폐교하지 않는다는 논리다. 그러나 현실은 기반시설을 확대해야 인구가 늘어난다는 걸 보여준다. 청성면에 있는 초등학교가 폐교위기를 벗어날 수 있었던 건 교육이주주택이 먼저 마련되어서다.

집뿐 아니라 일자리 등 삶을 영위하기 위한 다른 요건도 마찬가지다. 대도시보다 소득이 낮고 도심의 문화를 향유하지 못하더라도, 넘어진 뒤 다시 일어날 수 있도록 지역사회가 도와준다면 청년들은 지역을 지키고 공동체를 확장해나갈 것이다. 앞으로 청년을 유치하기 위한 공공정책은 더 중요해지고 다양해질 것이다. 정책 입안시 가장 중요한 건 당장의 실적이 아니라 청년들의 지속가능성을 담보하는 것임을 잊지 말길 바란다.

글
권오성

⑤ 옥천신문이 쓴 농업 기사는 농촌에 나타난 기후변화 보고서다

청명

(淸明, 음력 3월·양력 4월 5일 무렵)

부지깽이를 꽂아도 싹이 난다는 청명은 옛말이 됐다.

① 2018년 4월 개화기에 찾아온 이상 저온 현상으로 자두, 배, 복숭아, 포도 등 과수작목의 피해가 상당했다. 4월 7일~9일 사흘간 최저기온이 영하권으로 떨어지면서 꽃이 검게 변하며 고사하는 사태가 벌어졌다. 옥천군에서

파악한 우리고장 냉해 규모는 26.5ha다. 연쇄적 피해가 드러난 것은 한 달이 채 지나지 않았다. 꽃이 피지 않으면 당연히 꿀벌의 채집량도 떨어질 수 밖에 없다. 옥천 양봉 농가 꿀 채집은 5월 초 아카시아꽃, 5월~6월 잡화, 6월말 밤꽃으로 이어지는데 아카시아꽃이 피지 않아 20% 가량 생산량이 줄었다.

2018년 4월 일부 지역에서는 얼음이 얼 정도로 추운 날씨가 지속되면서 작물피해가 늘어나고 있다. 곧 개화를 앞두고 있는 배 등 과수와 인삼 등의 피해가 큰 것으로 보인다.

② 2019년 4월 중순에 서리가 내렸다. 싹이 올라오던 옥수수가 이상저온에 갈색으로 변하며 죽었다. 옥수수의 경우 죽은 모종을 뽑아내고 다시 심어야 하는데 새롭게 씨를 구하는 것부터 일이라 지역농협 차원에서 냉해 대응에 나서야 했다. 봄날 "얼어 죽었다"는 작물로는 감자, 잎담배, 옥수수 등이 있다.

2018년 4월 일부 지역에서는 얼음이 얼 정도로 추운 날씨가 지속되면서 작물피해가 늘어나고 있다. 곧 개화를 앞두고 있는 배 등 과수와 인삼 등의 피해가 큰 것으로 보인다. 안남면 화학리에서 냉해 피해를 입은 배나무를 이필수씨가 살펴보고 있다. <옥천신문 자료사진>

2019년 5월 안내면 월외리에서 담배 농사를 짓는 남진우 씨가 냉해 피해를 입은 1천평 규모 밭에 배추 모종을 새로 심었다. 4월19일 기준으로 우리고장 48농가가 19.9ha 규모의 냉해 피해를 입은 것으로 조사됐다. <옥천신문 자료사진>

    2019년 5월 안내면 월외리에서 담배 농사를 짓는 남진우 씨가 냉해 피해를 입은 1천평 규모 밭에 배추 모종을 새로 심었다. 4월19일 기준으로 우리고장 48농가가 19.9ha 규모의 냉해 피해를 입은 것으로 조사됐다.

③ 2020년 3월말 평년보다 따뜻한 날씨에 꽃이 빨리 폈다. 문제는 4월5일, 6일 양일간 최저기온이 영하권으로 떨어지면서 빨리 피었던 꽃이 검게 얼어 죽었다. 복숭아, 사과, 배, 옥수수 등 작목의 저온 피해는 73.2ha로 집계됐다.

하지
(夏至, 음력 5월·양력 6월22일 무렵)

모심기가 끝나면 논이 마르지 않게 물을 대주어야 모가 잘 자란다. 하지가 지나면 농부들은 물 댄 논에 발을 담그고 살아야 할 만큼 바빠진다. 한쪽에서는 작물을 심기 바쁘다면 다른 쪽에서는 수확에 여념이 없다. 하지 감자가 나오는 시기다.

① 2018년 8월 최고기온 35도 폭염이 계속되면서 꿀

벌의 수명이 줄고 있다. 꿀을 저장하고 알을 낳는 봉군(蜂群)의 적정 온도가 35~36도 사이다. 폭염에 봉군 온도가 치솟으면 꿀벌은 날개짓을 해 열을 낮추는데 이 활동이 꿀벌의 수명을 줄게 한다. 이때는 산란 수 역시 눈에 띌 만큼 급감한다.

② 2020년 6월10일 폭염 특보가 발효됐다. 최고기온이 32도까지 치솟았다. 폭염에 이어 닷새간 비가 내렸다. 열은 식었을지 몰라도 뜨거운 수분이 땅에 갇히면서 감자가 썩었다. 그나마 수확한 감자는 상품이 아니라 좋은 가격을 받지 못한다.

③ 2020년 7월은 해 보기가 어려웠다. 40일 가까이 긴 장마가 이어지면서 작물 생장에 악영향을 미쳤다. 물 폭탄에 벼와 고추는 병균과 해충으로 고통받았다. 푸르러야 할 논은 잎도열병으로 갈색으로 물들었다. 잎도열병은 습도

벼에 잎도열병이 발생한 모습. 처음엔 방추형 반점이 생기다 번지면 잎 전체가 갈색으로 변한다. <옥천신문 자료사진>

가 높고 기온이 낮을 때 발생하는 곰팡이병이다. 잎에 반점이 생기다가 잎 전체가 갈색으로 변하면서 주저앉게 된다. 고추 농가에게 장마란 탄저병이다. 고추에 암녹색 점이 생기다가 점차 둥근 무늬가 커지는데 탄저균이 비바람에 의해 전파될 수 있어서 이런 증상이 나타나는 고추를

볼 때마다 따서 버려야 한다.

추분
(秋分, 음력 8월·양력 9월23일 무렵)

추분이 지나면 벌레가 숨는다. 지긋지긋한 벌레와의 전쟁도 다소 잦아드는 시기다. 추분에는 가을걷이가 시작된다. '농사성적표'가 나오는 시기다.

① 2020년 8월 "복숭아밭에 들어가면 눈을 못 뜰 정도로 미국선녀벌레와 갈색날개매미충이 많다" 평년대비 따뜻한 겨울을 보내고 난 뒤 맞이한 여름은 혹독했다. 2019년~2020년 겨울 평균 기온은 지난해 대비 2℃ 높았는데, 그 결과는 돌발해충(시기나 장소에 한정되지 않고 돌발적으로 발생하여 농작물이나 일부 산림에 피해를 주는 토착 또는 외래해충)의 개체 수가 늘고 부화 시기도 당겨졌다.

옥천군 농업기술센터 예찰 자료를 보면 △갈색날개매미충, 미국선녀벌레는 2019년 5월20일→2020년 5월11일 △꽃매미는 2019년 5월10일→5월4일로 처음 발견된 시점이 빨라졌다. 예찰 결과를 보면 개체 수 증가도 가늠할 수 있다. 2019년 예찰 면적 30ha 중 10ha(약 33%)에서 발견됐던 돌발해충은, 2020년 예찰 면적 55ha 중 30ha(약 54%)에서 관찰됐다. 돌발해충은 나무의 잎과 줄기를 빨아먹어 성장을 방해하고 배설물을 배출해 그을음병을 발생시킨다. 갈색날개매미충은 주로 여린 1년생 가지 속에 무더기로 알을 낳아 가지를 기형으로 만들거나 열매가 달리면 무거워 꺾이게 만드는 피해를 준다. 복숭아, 블루베리, 사과, 배 등 과수 농가 피해가 크게 나타나고 있다. 생산량 감소라는 직접적인 피해 뿐만 아니라 "나무를 툭 하고 치면 미국선녀벌레가 후두둑 날아갈 정도로 해충 밭이다"라는 말이 나올 정도로 영농 활동 역시 어려워졌다.

② 2023년 10월 여름에 내리는 비는 폭우요, 가을은 장마다. 비 오는 시기를 가늠하기 어려워졌다. 집중 호우를 버틴 깻대는 얼마 되지 않는다. 5월 깨 심는 시기 내린 비에 뿌리가 힘 없는 채로 자랐다. 7월 내린 집중 호우에 깻대가 넘어갔다. 7월14일 하루 사이 내린 비(111.4mm)는 한 달 총 강우량(390.3mm)의 상당 분이다. 깨를 말려야 할 시기 내리는 비는 마지막까지 깨 농사를 어렵게 한다. 국산 들기름, 참기름이 귀해지고 있다. 장마의 사전적 정의는 '여름철에 여러 날을 계속해서 내리는 현상'이다. 수확기 장마는 이제 일상이 됐다. '가을장마'를 일컬을 새로운 말을 만들어야 할 지경이다. 가을장마는 길어질수록 농가 피해를 키운다. 고온다습한 기온이 계속되면 병충해가 기승을 부리는데 가을장마로 만생종 사과도 탄저병이 왔다. 열매에 갈색 반점이 생기면서 상품성이 떨어지거나 썩어 버린다. 겹무늬썩음병도 왔다. 황갈색의 작은 반점이 점차 커지면서 큰 병반이 형성된다. 심하면 결국 부패한다.

푹한 겨울의 결과는 이듬해 여름 눈으로 드러난다. 따뜻한 겨울을 나면서 부화하는 곤충의 수가 눈에 띄게 증가한다. 병충해를 덜 보려 방제약 치는 횟수를 늘리지만 해마다 피해 규모는 커지고 있다. 약제비, 인건비 등 병충해로 인한 생산비는 더 들어가는데, 생산량 감소로 농가 소득이 보전되지 않는다. "벌레 이름이 뭐라고?" "미국선녀벌레요" 병충해를 취재하면서 등장한 낯선 이름들을 언제 외우나 싶었지만 해마다 피해 규모가 커지면서 자연스럽게 알게 됐다.

돌발해충은 더 이상 '돌발적이지' 않다. 그냥 해충 피해라는 새 이름을 붙여야 한다. 따뜻한 겨울이 마냥 따뜻하게만 느껴지지 않는 이유다. 따뜻해야 할 봄은 오히려 냉해를 걱정해야 한다. "4월에 눈이 내렸어!" 이 또한 신기한 현상이 아니다. 개화기 영하권으로 떨어지는 현상은 이미 수년째 이어지고 있고 <옥천신문> 농업 담당 기자는 4월이면 냉해 기사를 고정값으로 써내고 있다. 수십년 농사를 지으면서 본인만의 농사 달력을 가지고 있는 농민들은 기존 달력이 맞아 떨어지지 않는다고 하소연한다. 무엇보다도 비 오는 날을 예상하기가 너무 힘들어졌다. 농사짓기 점점 더 힘들어지는 환경을 보면서 '사라지는' 음식들이 생기는 것은 가까운 미래가 될 것이라는 생각까지 들었다. 로컬푸드직매장에서 파는 들기름, 참기름 가격이 비싼 이유는 변해버린 기후 값이 반영된 것이다. 북극곰 서식처가 줄어드는 것에서 '기후위기'를 찾을 것 없다. 당신이 살고 있는 이 땅, 농촌에서는 이미 기후위기 결과가 나타나고 있다.

글
이현경

2장

자치를 가능하게 하는 숫자와 공간

① 인구실태를 보여줄 적절한 말 조차 없는 것이 진짜 위기

현상 하나

옥천군내 출생아 수 200명 선이 무너진 것은 2017년이다(옥천군 인구현황 12월말 기준 195명). 농어촌 지역 대부분이 비슷한 상황이겠지만 이웃 영동군 보다 더 빨리 출생아 수 200명 선이 무너지면서 지역사회 적지 않은 충격을 주었다. 영동군은 2021년 출생아 수 150명으로 옥천군 보다 4년 늦게 200선이 무너졌다. 옥천군의회는 지자체 차원의 대책 마련이 필요하다고 지적했지만 의회 차원의 대안 제시는 하지 못했다. 지자체마다 유행처럼 번졌던 그리고 경쟁적으로 금액을 올렸던 출산장려금 지원 정책이 당시 대부분의 지자체가 출산장려에 해답이 없음을 말해줬다. 출산장려금은 조금씩 올라 옥천군의 경우 2022년 기준 △첫째아이 200만원(월20만원, 10회 분할지급) △둘째아이 300만원(월20만원, 15회 지급) △셋째아이 500만원(월25만원, 20회 지급)을 지원했다. 2023년도 이후 출생아는 김영환 충북도지사 공약 일환으로 출산양육수당 1천만원을 지원받고 있다.

현상 둘

2023년 동심유치원이 최종 폐원을 결정했다. 28년간 지역 보육의 한 부분을 책임졌던 기관이 역사 속으로 사라진 것이다. 색동유치원(1989년 개원, 34년 차)과 백합유치원(2006년 개원, 17년 차)은 내년도 원아 모집을 포기하며 사실상 폐원 절차를 밟고 있다. 색동유치원과 백합유치원이 문을 닫으면 옥천 내 '사립' 유치원은 단 한 곳도 남지 않게 된다. 죽향초등학교 병설유치원은 원감 배치기준(현원 60명 이상 혹은 4개 학급 이상 운영)을 충족하지 못하면서 내년부터는 원감 없이 유치원을 운영해야 할 상

색동유치원과 백합유치원이 내년부터 원아모집을 하지 않기로 결정했다. 읍 중심지 유치원 2개소가 동시에 폐원 절차에 돌입하면서 삼양유치원에 원아 쏠림 현상이 심화됐다. <옥천신문 자료사진>

황에 놓였다. 죽향초병설유는 현원 32명에 3학급이 운영되고 있다. 어린이집 사정도 다르지 않다. 2018년~2022년 5년 사이 옥천 내 어린이집 9개소가 휴·폐원 상태에 들어갔다. 2023년 11월말 기준 옥천군내 출생아 수는 120명이다. 출생아 수 감소에 따른 여파는 계속될 예정이다.

현상 셋

증약초등학교(옥천군 군북면 소재)는 2023년 단 한 명의 입학생을 맞지 못했다. 2022년 40명이던 전교생 수가 2023년 기준 24명으로 40%가 감소했다. 옥천군 소재 학교 중 가장 가파른 감소세를 보였다. 지역 내 입학생이 없는 군서초등학교(옥천군 군서면 소재)는 대전 등에서 입학생을 물색해 올해 2명의 입학생을 맞았다. 개교이래 첫 복식학급(1학년, 4학년)을 운영했다. 2019년 44명이던 전교생이 내년도에는 절반인 22명으로 반토막날 예정이다. 졸업을 앞둔 6학년 재학생은 9명인데 반해 내년도 입학생은 0명으로 추계됐다. 청산초등학교(옥천군 청산면 소재)는 개교이래 처음으로 전교생이 10명대로 주저앉을 위기에 처했다. 분교를 제외한 전교생 수가 가장 적은 학교는 13명을 기록한 안남초등학교(옥천군 안남면 소재)다. 안남면은 면내 인구수가 1천명대로 9개 읍·면 중 그 세가 가장 작지만 배바우작은도서관을 중심으로 교육공동체가 형성돼 있는 강점이 있

는 지역이다. 내년도 17명으로 소폭 상승이 예상되지만, 내년도 20명을 넘기지 못하는 유일한 초등학교로 기록될 가능성이 높다. 옥천 내 면 소재 초등학교는 모두 10개 소다(분교 포함). 면 단위 초등학교 중 학생 수 감소에 따른 위기에 봉착하지 않은 학교가 없다. 위기는 점점 더 심화될 가능성이 높다. 2022년 12월 말 기준 옥천 내 123명이 태어났는데 이중 면 단위에 주소를 둔 아이는 30명(24.4%)이 전부다.

현상 넷

지난해 8월 충청북도는 '분교장' 기준을 '3년 연속 전교생 20명 미만'에서 12명으로 대폭 낮췄다. 분교로 격하된다는 것은 본교 이름을 잃는다는 것을 의미한다. 통상 가장 가까운 학교의 분교(본교에서 분리된 독립시설에서 본교 교장의 지도·감독하에 본교에 행하는 교육의 일부

혹은 전부를 담당하는 학교)가 된다. 당장 '폐교'를 하는 것은 지역 정서법상 어렵다. 대개 분교로 격하된 뒤 폐교 수순을 밟는다. 현행 기준을 유지한다면 도내 분교로 격하되는 학교는 5년 안에 절반이 넘을 것으로 추정되면서 충북도교육청도 새 기준을 마련할 수 밖에 없었다는 분석이 따른다.

현상 다섯

옥천군이 충북도내 고령인구 통계를 공개한 것은 2015년부터다. 당시 옥천군 65세 이상 고령인구 구성비는 24.6%로 이미 '초고령사회'에 진입했다. 고령인구 비율은 점진적으로 늘어 2021년에는 30%를 돌파했고 2023년 11월말 기준 33.9%를 기록하고 있다. 괴산군(39.4%), 보은군(39.0%), 영동군(36.3%), 단양군(36.1%)에 이어 다섯 번째 높은 순위를 차지하고 있다.

옥천을 포함한 다섯 개 군은 행정안전부가 선정한 인구감소지역이자 충북을 대표하는 농업 지역이다. 중심지인 '읍 지역'을 제외하면 통계치는 또 달라진다. 여덟 개 면 중 세 개 면(△청성면 54.86% △안내면 51.7% △청산면 51.2%)의 고령인구 비율은 절반을 넘어간다. 이외 다섯 개 면 지역은 상대적으로 낮다뿐이지 40%대를 모두 넘어섰다. 농촌 지역의 인구 현황은 현행 지표로는 설명되지 않는 상황이 진즉 벌어지고 있다(△고령화사회 14% 미만 △고령사회 14~20% 미만 △초고령사회 20% 이상). 현상을 명료하게 설명하지 못하는 지표의 미래는 제대로 된 정책의 부재로 이어질 우려가 크다.

인구 통계의 사전적 정의는 '인구가 나타내는 각종 현상을 파악하기 위해 숫자로 나타낸 정보'다. 지자체마다 다달이 인구 현황을 조사해 홈페이지에 공개하는 것은 인구로 말미암은 사회적 현상을 파악하고 대응하는 것이 목적이지 숫자 그 자체를 공유하기 위함이 아니다. 현행 제도가 5년 후, 10년 후 인구 구조 안에서도 유효한지 새롭게 도입해야 할 정책은 무엇인지 따져보는 것이 본질일터이다. 정부 차원의 그리고 지자체 차원의 인구 통계와 대응책이 마련돼야 하지만 그간 제대로 된 진단과 대응 전략이 있었는지는 의문이 든다.

출산장려에 수백조원을 쏟아부었다는 정부의 해명은 "졌잘싸"를 말하고자 한 것인가 싶지만 수백조원을 투자한 몇 십년 동안 꾸준히 무능했음을 방증하는 근거밖에 되지 않는다. ―무능한 정부로 평가받을 것인가, 기만한 정부로 평가받을 것인지는 또 다른 문제다. 정부는 수백조원을 출산율 높이기에 투자했다고 하지만 그 속내를 드려다 보면 이 사업이 왜 저출산 대응 예산으로 분류가 됐는지 고개가 갸웃거려지는 항목이 여럿이다.― 난임 부부지원, 아동 수당 지급, 방과 후 돌봄 강화 등 정책은 주민의 필요보다 한 발, 두 발 늦게 나왔는데 이 마저도 출생률을 끌어올리는 대책이 되지 못했다. 2022년 기준 한국의 합계출산율은 0.78명으로 세계 최저 수준을 확인했다. 이는 OECD 평균 합계출산율(1.59명)의 절반도 미치지 못하는 수치로 영국 가디언지는 "출산율이 1 미만인 세계 유일의 국가"로 한국을 소개하기도 했다. OECD는 합계출산율 2.1명 이하를 '저출산'으로, 1.3명 이하를 '초저출산'으로 명명하는데 1명도 채 되지 않는 한국의 현실을 단지 초저출산으로 설명해도 되는지 의문이 들기도 한다. 현상을 제대로 정의할 말조차 없는데 어떤 대응이 나올 수 있을까.

거의 모든 지표에서 상위권을 차지하는 서울이 '합계출산율' 만큼은 0.59명으로 꼴찌를 차지한 반면 땅끝마을 해남군에서는 2013년부터 7년 연속 합계출산율 전국 1위를 차지하자 그제야 저출산 대응 전략에 변화를 보인다. 수도권 거주 청년을 지역으로 내려보내는 것을 목적으로 한 정책들이 일례다. 옥천군처럼 농어촌 지역이 여타 정부 공모사업을 따올 때 타당성을 따지는 권한이 있는 정부 부처가 여기에 관심이 있다는 이야기로, 이는 현재 지역에 살고있는 주민의 삶의 질을 끌어 올리는데 지자체와 정부 매칭 예산이 쓰이는 게 아니라 미래 지역에서 살 수도 있는 도시 거주인들을 위해 쓰이는 또 다른 비극으로 나타나고 있다.

저출생이라는 현상의 원인을 다각도로 분석하고 진단하지 못했던 무능의 결과는 정책의 골든타임을 놓친 것이다. 같은 길을 걸어가고 있는 또 하나의 지표가 있다. 바로 고령화다. 한국의 고령화를 제대로 설명할 단어가 없다는 것 역시 같다. 후기고령인구를 나타내는 75세 이상을 기준으로 고령인구 비율을 따져보면 옥천의 8개 면은 청성면(27%), 청산면(25%), 안남면·안내면(24%), 군서면(23%), 이원면(22%), 동이면(20%), 군북면(18%) 등으로 나타난다. 초고령사회로 퉁치기엔 이 현상을 제대로 설명할 수 없다. 초초고령사회? 극초고령사회? 메가초고령사회? 울트라초고령사회? 어떤 이름이든 이 현상을 제대로 정의할 말을 찾아야 한다. 이것은 곧 현상을 제대로 분석하고 진단했다는 의미로 제대로 된 고령사회 대응 정책을 기대할 수 있기 때문이다. 초고령사회를 '대비'한다는 것은 모순이다. 극초고령사회가 이미 도달했고 현장에서 바로 쓰일 정책을 다각적으로 정비해 집중 투자 해야한다.

글
이현경

02
압축도시 공간적 범위는 단연코 읍면동 단위

#1. 인구 정책의 '공간'적 범위는 단연코 읍·면·동 단위여야 한다.

#2. 혹자는 말한다. 인구 감소에 따른 효율적 도시 관리를 위해서는 압축만이 살 길이라고. 같은 면적에 똑같은 재원이 들어가는 데 그 안에 사는 사람의 수가 줄면 그만큼 재정 효율성은 떨어지는 것이 되기 때문이다. 이 이론은 서울 쏠림 현상에 대한 정부 대응 전략인 '메가시티'에 붙어, 서울-수도권에 견줄 지방거점도시-주변도시에 집

중투자할 명분이 됐다. 거점도시에 집중 투자하겠다는 말은 '이외 도시는 투자에서 소외된다'는 것과 같다. 그것도 집중적으로 소외되는 것을 의미한다. 수도권 집중화를 당장 억제하는 것이 최우선 과제로 – 하지만, 이는 갑작스럽게 등장한 위기가 아니다. 인구 감소에 따른 지방도시의 쇠퇴는 언제나 '오래된 현재'의 문제였다. 현재의 문제를 후순위로 두다가, 수도권 집중화에 따른 각종 사회 문제가 부동산 의제와 맞물리며 메가톤급 사회 비용이 발생하자 그제야 최우선 과제가 됐다. 이마저도 쇠퇴하는 지방도시가 주어가 아니다. 집중화를 견딜 수 없는 수도권이 주어인 정책이다 – 지방중소도시는 또 다시 정책 우선순위에 밀리며 집중적으로 소외될 운명에 처했다.

#3. 압축도시 이론은 읍·면·동에 붙어야 한다. 특히, 인구 감소세가 가속화 되고 있는 면 소재지 개발의 이론적 배경이 돼야 한다. 우선 면사무소(행정복지센터), 우체국,

지역농협 본점·지점, 초등학교, 보건지소, 파출소(치안센터) 등 집적돼 있는 시설이 지속될 수 있도록 해야 한다. 여기에 작은 도서관, 면 단위 목욕탕, 문화·체육 시설 등 편의시설을 갖춰가야 한다. 공공서비스가 면 소재지에 집중될 수 있도록 하는 압축 전략이다. 그 다음은 교통망 정비다. 쏙2호에서 농촌 지역 특히, 면 단위 교통망이 얼마나 열악하지 설명한 바 있다. 면 소재지와 마을을 잇는 마을버스는 필수다. 각종 농산어촌개발사업으로 면 단위에 지어놓은 건물들이 흉물이 되는 사례가 종종 도마에 오른다. 애초에 타당성이 떨어지는 사업인 경우도 있지만 주변에 사는 이들조차 제대로 활용을 못하는 사례도 나오는데 불편한 교통망이 원인이 경우가 많다.

#4. 읍·면·동이란 공간은 자치를 가능케 한다. 12개 마을, 인구수 1000명을 유지하고 있는 '작지만 강한 안남'의 사례를 살펴보자. 1읍·8면 옥천에서 인구수가 가장 적

은 안남면은 일찍이 면 단위 최고 의사결정기구인 '안남면지역발전위원회(이하 안남지발위)'를 출범시키고 지금까지 지켜오고 있다. 이장 협의회, 새마을회, 지역사회보장협의체, 주민자치회, 적십자회, 의용소방대, 자율방범대, 체육회, 학교운영위원회, 학부모회 등 지역사회를 지탱하는 각종 단체가 존재한다. 개별 단체가 하는 일에 서로 왈가왈부하지 않는 것이 일종의 불문율이 된 듯도 하다. 그래서, 면심을 하나로 모으는 것은 매우 쉽지 않은 일이다. 각종 의견을 쏟아내고 치열하게 토론하고 그 안에서 면 발전을 위한 우선순위 사업을 뽑아 가는 것은 서로의 이해를 침범하지 않는 불문율의 평화를 유지하는 것 보다 훨씬 복잡하고, 때로는 귀찮고, 때때로 갈등의 소용돌이를 함께 견뎌야 하기도 한 일이다. 개별 단체를 존중하면서 이 역할과 기능을 뛰어넘는 면 전반의 의제를 함께 논의할 의사결정기구를 만들어 낸 것은 그 자체만으로도 존경받아 마땅하다. 안남면지역발전위원회는 면 단위 시민

사회단체장이 모두 참여하고, 마을이장에 더해 마을을 대표할 주민이 추가로 한 명 더 참여하는 등 '대표성'을 갖추고 있다. 대표성을 갖춘 면 단위 의사결정기구가 보여준 주민자치는 단순 숫자로 설명되지 않는 질적 효율성을 보여준다.

#5. 2003년 문을 연 '안남 어머니학교'는 안남지발위 탄생의 시작점이다. 정부 시책으로 만들어진 주민자치위원회를 십분 활용해 면민에게 필요한 프로그램을 만들었다. 농촌의 일꾼, 집안의 살림꾼인 '여성 노인'이 문서 앞에만 서면 꼼짝 못 하는 모습에 "공동체가 배움의 기회를 돌려주자"는데 공감대를 형성했단다. 주2회 수업에도 불구 열 일 제치고 참여한 80명 가까이 되는 여성 노인은 존재 자체가 공동체 회복을 상징하는 것이요, 자치의 힘을 보여준 결과였다. 이 작은 눈덩이는 2007년 안남지발위 탄생으로 이어지게 된다. 지자체마다 공적 재원을 투입해

'시·군 단위' 중장기 발전 계획을 수립하는데, 안남지발위는 '면 단위' 중장기 발전 계획을 세운다. 12개 마을을 돌며 삶의 질 향상을 위해 주민이 진짜 필요로 하는 정책을 수렴했고 그 과정에서 농촌교통모델의 전국적 우수사례로 꼽히는 안남면 마을버스가 탄생하게 된다. 면 단위 경제공동체를 만들자는 숙의 속에서 배바우영농조합법인이 만들어졌고 안남 농민이 농사지은 콩으로 두부와 콩나물 등 가공식품까지 생산하기에 이른다. 경제공동체 다음 과제는 복지공동체였다. 면내 목욕탕과 어르신 주간 보호를 염두에 둔 복지회관 조성에 들어가 한창 공사 중에 있다. 옥천군에서 인구수가 가장 적은 안남면은 '인구수=효율성' 공식 아래 정책적으로 소외될 수 있는 상황을 자치력으로 짜릿한 반전을 꾀한 것이다. "자치가 가능한 공간적 범위는 어디인가?", "자치가 가능한 '적정 인구수'에 대한 고찰이 필요한 것은 아닌가?" 등 다음 세대에게 생각할 거리를 남긴 살아있는 유산 그 자체이기도 하다.

#6. 주민지원사업비는 안남면이 자치 역량이 키워갈 수 있는 일종의 시드머니(seed money)가 됐다. 청산면과 안내면 일부 마을을 제외한 옥천군의 약 83%는 대청호 상류지역으로 환경부 고시인 특별대책지역으로 묶여 있다. 금강수계 물관리 및 주민지원 등에 관한 법률(이하 금강수계법)에 따라 금강 상류 마을에 주민지원사업비가 보전되는데 안남지발위는 대단위 주민지원사업비라는 예산을 집행할 수 있는 권한을 부여받게 된다. 중장기 발전 계획을 수립한 이유도 이 예산을 제대로 써보자는 의제에서 출발했던 것이다. 만15년을 꽉 채운 안남지발위가 여전히 현재 진행형 기구로서 '지속하게' 하는 큰 축은 '지속적으로' 지원되는 공동기금의 힘이 크다. 중장기 발전 방향에 대한 범면민 차원의 공감과 합의가 있으니 농촌중심지 활성화 사업, 기초거점육성사업, 각종 생활SOC 사업 등 필요한 정부 공모를 제때 도전해 행정 재원 투자도 끌어낼 수 있었다.

#7. 안남이라는 선진 사례는 지역사회에 큰 의미를 남겼다. 먼저, 인구 절반이 읍 지역에 쏠려 있는 옥천 안의 불균형을 해결해야 할 과제로 올렸다. - 옥천은 2023년 11월 말 기준 4만8천968명명 인구수를 기록했다. 이 중 2만8천376명이 읍 지역에 산다. - '작지만 강한 안남'의 변화는 지역 불균형의 문제를 "어찌해볼 수 없는 현상"이 아닌, "해결해야 할 과제"로 올린 것이다. 2018 지방선거부터 단체장 후보자들이 저마다 읍·면 균형발전을 공약으로 가지고 나오게 된 배경이고, 이는 순수 군비 읍·면 균형발전 '투자'라는 결과를 낳았다. 생활권 형성 등 지표로 낙후도를 나눴고 A,B,C 등급에 따라 5,6,7억 예산이 차등 지급됐다. 주민지원사업비 이외 면 단위로 '공적 재원'이 투입되게 된 것이다. 읍·면 균형발전에 쓰인 총예산 54억은 2022 지방선거를 거쳐 약 80억으로 커졌다. 옥천군은 1개 면에 20억이 넘는 예산 투자를 약속했고, 공모를 거쳐 우선 투자 지역 3개 면이 선정됐다. 읍·면마다 주민과 전문가가 함께한 사업안

옥천신문 1609호(2021년 10월 8일자)
청성·청산 생활SOC 복합화 사업이 통과하면서 청산면 지전리 일원에 도서관, 체육센터, 목욕탕이 들어선다. 제2차 국가도로망 종합계획에 청성·청산 일부지역을 통과 할 고속도로 신설이 예고돼 겹경사를 맞았다. 이를 기점으로 정주여건 개선을 위한 추가 사업을 지속적으로 발굴해야 한다는 목소리가 나온다. 사진은 생활SOC 사업이 진행될 지전리 일원. <옥천신문 자료사진>

을 구상했다. 이를 위해 옥천군은 연구용역비 2천만원을 개별 읍·면에 배정하기도 했다. 옥천군 예산으로 투자하는 공모사업에 선정되지 못한 사업안도 적절한 정부 부처 공모사업이 있으면 적극 대응할 것도 약속했다. 안남면의 사례를 행정이 배웠을 때 나타나는 긍정적인 효과다. 한계점도 명확하게 드러났다. 옥천군은 공모사업 전 심사 방향을 '면 단위 경제 발전'으로 좁혔는데, 이는 주민들이 당장 읍·면에 필요한 사업을 구상함에 있어 한계점으로 지적됐다. 심사 기준에 대한 사회적 합의가 없었던 것이 문제로 지적됐는데 이는 정부 부처의 공모 방식을 그대로 모방한 데 따른 폐단이라는 분석도 나왔다.

#8. 읍·면이라는 공간적 범위가 적어도 옥천군에서는 정책적으로 주목 받았다면 그 다음은 주민자치 조직의 역량 강화다. 읍·면 균형발전을 도모할 때 우선적으로 따라가야 할 것이 안남지발위와 같은 자치 조직이다. 안남지발위

와 동일한 형태의 자치 조직이 다른 읍·면에도 생겨야 한다고 말하는 게 아니다. 읍·면 상황에 따른 적합한 자치 조직 형태와 구성, 역할과 기능을 찾아가야 한다. 긴 호흡을 두고 지원하고 지켜봐야 한다. 안남 어머니학교 설립 결과가 공동체 회복의 단초가 됐듯 읍·면민의 의사결정과 그 결과에 따른 효능이 하나씩 쌓여가야 한다. 옥천군은 9개 읍·면에 주민자치회를 모두 발족시켰다. 이는 조례에 근거를 둔 법적 기구다. 옥천군은 읍·면 주민자치회에도 일정 정도 예산을 배정했다. 주민 주도의 자치 조직을 먼저 만들고 행정력이 따라가는 형태가 아닌, 행정이 먼저 제도를 정비한 뒤 주민이 역량을 쌓아가는 형태다. 주민자치회 1기 활동을 마치고 2기가 시작된 시점, 자치 역량이 결국 읍·면의 오늘과 내일을 가르는 열쇳말이 됨을 되새겨 볼 시간이다.

글
이현경

❽ 면에 사는 청소년들이 감내해야 하는 것들

중학교 2학년인 민웅이는 청산면 하서리 섬마에 산다. 시내를 관통하며 걸어가야 하는 마을이지만, 제법 멀다. 걸어가려면 빠른 걸음으로 40분 남짓 걸릴까. 그런데 가는 길이 참 험하다. 산길은 아니지만, 가로등 하나 없고 인도 하나 없어 정말 위태로운 갓길로 저벅저벅 걸어가야 한다. 19호선 국도 현장이고, 시골길 특성상 큰 트럭이 빠르게 지나갈라치면 그 바람에 몸 전체가 흔들린다. 그리고 혼자 걸어가야 하는 그 길이 사실 무섭다. 1학년 선화는 하서리에 사는데 섬마마을보다 가깝긴 하다. 하지만, 청산면소재지에서 조금 더 걸어야 한다. 역시 마찬가지다. 선화는 지역에 대한 바람으로 가로등과 인도가 설치되었으면 하는 바람을 적어 놓기도 했다. 불빛 하나 없는 칠흑같은 밤을 홀로 걷는 다는 것은 기실 두려움이다.

청성면 장수리에 사는 중학교 3학년 은석이는 하교 하자마자, 군에서 제공하는 하교택시를 이용하여 집에 일찍 간다. 하교 택시가 생겨 많이 편리해지긴 했지만 학교 끝나고 친구와 놀 시간은 빼앗겨 버렸다. 약간의 뭉개고 놀 수 있는 여유 시간마저 앗아간 버린 느낌이랄까. 장수리에 가면 또래 친구들이 하나도 없다. 어머니, 아버지는 공장에서 느즈막히 오시고 외동인 은석이는 집에 혼자 머물러 있는 시간이 많아졌다.

상주 경계에 사는 청산면 명티리 사는 승준이도 마찬가지다. 6시 전에 막차인데, 그 버스를 타고 가면 친구들과의 만남은 끝이다. 명티리에는 아이 자체가 승준이밖에 없다. 오죽하면 인근 새로 짓는 집에 제발 또래친구가 와 줬으면 하는 소원을 이야기할까. 무언가 치대고 같이 장난 치고 이야기를 해도 친구와 같이 있는 시간들은 아무래도 시간 자체가 풍요로워진다. 그건 보은 경계에 사는 은정이도 마찬가지다. 어쩔 수 없이 버스를 타고 일찍 가야 하는 것이 못내 아쉽다.

청산별곡 문화공간을 열면서 이 친구들의 귀가 시간은 다소 늦춰졌다. 저녁 8시까지 있다가 데려다주기 때문이다. 학교 내외에서 이미 많은 프로그램에 지친 아이들은 프로그램을 하기 보다 그냥 약간 편하게 쉴 수 있는 쉼터와 허기를 달랠 수 있는 그런 곳이 필요한지 모른다. 말하자면 경로당 같은 곳이다. 시골에 비어 있는 공간이 천지삐까리인데 청소년들을 활용할 만한 공간은 별로 안 되고, 다 그 목적성에 충실하게 이름을 적고 관리하듯 몇 명

이 이용했고 어떤 프로그램을 했는지를 체크하는 그래서 그 존재감을 과시하는 기관들만 존재한다. 어떤 곳은 문은 열려있지만, 아이들이 안 가고, 어떤 곳은 멤버십이라 갈 수 없는 문턱이 있는 곳도 있다.

아이들을 직접 데려다 주면서, 저녁에 서로 모여있는 시간들이 얼마나 간절한지, 얼마나 오지에 사는지, 집까지 가는 길이 얼마나 험난한지를 피부로 느끼고 있다. 주로 자가 차량이 있는 자들이 정책 입안자들이고, 청소년들은 표가 없고, 할머니들은 목소리가 약하니 지역과 마을에 유령처럼 사는 사람들이 다수로 존재한다. 아이들을 데려다주는 거리가 청산면 내에서도 족히 20km를 훌쩍 뛰어넘는다. 인도와 가로등을 설치하는 것이 그렇게 어려운 것인지를, 8시나 9시 야간버스를 한 대 운영하는 것이 그리 어려운 것인지, 알다가도 모를 일이다. 이런 제안들은 면 지역 청소년들의 정책 제안과 글에서 숱하게 단골

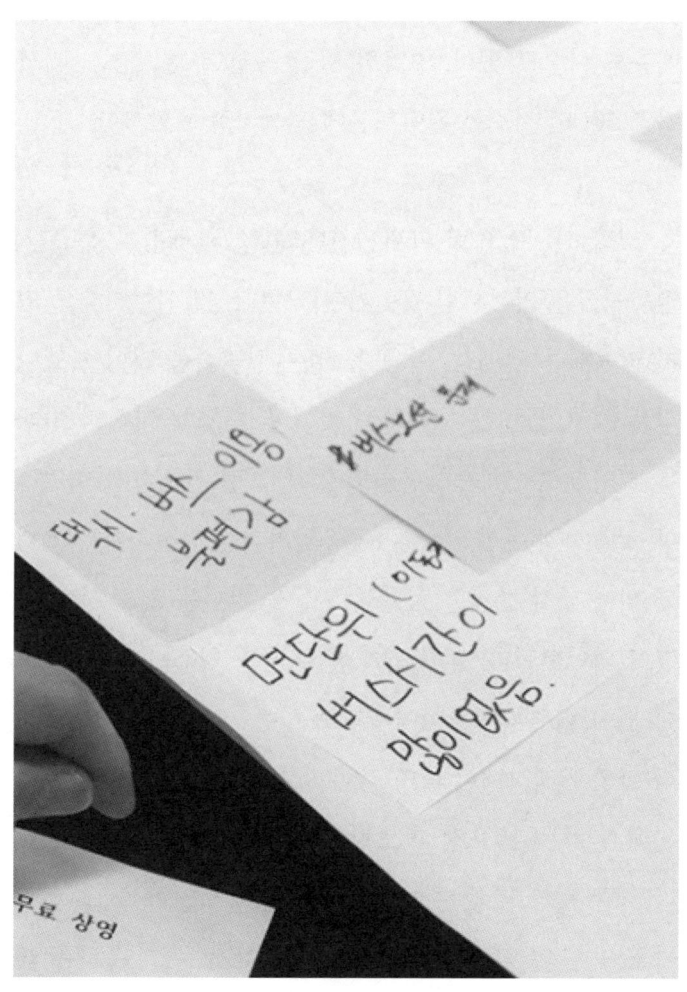

2장 뉴스의 가치

메뉴로 나오고 있다. 얼마전 열린 옥천, 보은, 영동, 괴산 지역 100인 청소년 원탁토론에도 등장한 이야기다.

결핍이 내핍으로 바뀌어지는 순간, 패배감과 우울감, 열등의식은 먼지처럼 쌓이기 시작한다. 뭘 이야기해도 되지 않는다는 열패감, 이 곳을 얼른 탈출하는 것이 낫겠다 싶은 생각이 들기 시작하는 것이다. 지역에 자신의 미래를 투영할 수 있는 청년들도 없고 그런 관계마저 희귀하다. 탈출하지 못한 청년들, 공공일자리를 전전하다가 언제고 튀어 나갈 준비를 하는 청년들을 만나는 것도 참 귀한 일이 되어버렸다. 닫힌 관계성, 바닥인 청소년 인프라, 섬이 되어 버린 학교, 이어지지 못하는 세대문화, 어디서부터 어떻게 시작해야 할지 감이 오지 않는다. 지척에 1천억 원에 달하는 19호선 확포장 공사가 올해말에 얼추 끝난다. 아무 쓸모도 없는 터널과 다리를 놓으면서 한 그 공사가 정말 주민 삶에 1도 영향을 끼치지 않는 그 공사를 왜

하는지 여전히 의문인 사람이 많다. 인도 하나, 가로등 하나 만들지 못하는 그 도로에 여전히 차들이 쌩쌩 지나간다. 아이들은 오늘도 내일도 바뀌지 않는 현실을 감내하며 걸을 것이다.

글
황민호

04
지역 발전 패러다임의 전복

'귀농귀촌인구를 유입해 인구를 늘려야 한다. 산업단지를 조성하고 기업을 유치해야 한다. 외부 유동인구를 끌어들일 수 있는 관광자원을 개발하고 '쌈박한' 축제를 만들어야 한다.'

이런 말들은 이제 중독되고 세뇌되다시피 곳곳에 만연하지 않으십니까? 마치 그런 해법이 정답인 것 마냥 곳곳에 나뒹굴고 있지요. 인구는 급감하고 있고 기업은 빠져나가고 있으며 일자리는 줄어들고 한 번이라도 오는 사람들은 줄어들고 있으니 이런 생각 할 수 있습니다. 과연 그것만이 해법일까요? 인구는 얼마만큼 늘어야 적정 수준일까요? 자체의 읍면 균형발전 전략도 없이, 고령화에 대한 대책없이 무작정 숫자에만 집착하는 인구 정책은 필패입니다. 차라리 무리하게 늘릴 생각하지 말고, 지역에 남아 있는 사람들만이라도 어떻게 행복하게 할 수 있을까 그런 고민을 하는게 더 낫지 않을까요? 역으로 생각하면 인구가 줄어들면 줄어들수록 가지고 갈 수 있는 파이가 더 커질 수도 있는 겁니다. 지역 예산 엉뚱한 데 펑펑 쏟아붓지 말고 사람한테 돌아갔으면 합니다. 큰 그림 그린답시고 오지도 않는 산업단지, 기업유치 큰 돈 들여 하지 마시고 그 돈으로 차라리 지역에 필요한 공공일자리 하나 더 만드는 것이 중요하다고 생각합니다. 관광자원 개발한답시고 전국 어느 곳에나 있는 복제품 양산하지 마시고요. 사람 몰린다 싶으면 금방 따라하고 결국 돈 많은 곳이 이기는 구조이니 특별한 아이디어라고 혹하지 마십시오.

저는 조금 더 근본적으로 근원적으로 우리의 행복은 어디서 찾아지는 것인가에 대해 천착하고 생각했으면 좋겠습니다. 사는 집 인근에 작은 도서관이 하나 있었으면 좋겠구요. 공원과 체육시설, 광장 같은 것도 있었으면 좋겠지요. 쉽고 편리하고 저렴하게 대중교통을 이용하면 좋겠구요. 저렴하게 연극이나 영화, 그리고 여러 공연 등을 관람할 수 있는 문화생활을 즐길 수 있으면 좋겠네요. 아이들 데리고 놀이공원이나 박물관, 미술관 등을 가면 좋을 것 같구요. 저렴하고 알차게 물놀이를 할 수 있는 휴양지도 가까이 있으면 좋지요. 아이들 방과후에 갈 수 있는 돌봄 시설이나 다양한 평생학습 프로그램도 준비되면 더 좋지 않을까요?

무엇보다 지역의 아이들이 지역에서 행복하게 자라며 지역에서 터를 잡는 그런 꿈을 꾸어봅니다. 농사를 짓는 것도 더 이상 천대받지 않고 정말 공익적인 일을 하는 직업으로 각광을 받았으면 합니다.

 이런 것을 실현하는 데 많은 돈이 들어가야 하는 걸까요? 절대 그렇지 않습니다. 엉뚱한 도로 만들고 관광자원 개발한답시고 들어가는 돈 절약하고, 산업단지 만들 돈 아끼면 충분히 쓰고도 남습니다. 제발 오지도 않을 사람을 상정하면서 돈 투자하지 말고 그렇게 개발하면서 자연 환경 파괴하지 말고 지역에 남아있는 사람들에게 아낌없이 썼으면 좋겠습니다.

 무상교육, 무상버스, 공공작은도서관 건립, 기본소득, 매주 친환경농산물 꾸러미, 공공급식 활성화 이런 것 충분히 가능합니다. 결국 돈을 쓰지 않아도 열심히 악착같이 일하지 않아도 지역에서 행복하고 여유로운 삶을 즐길 수 있는 시간들을 가져온다면 우리가 원하는 것들이 하나둘 해결될 수 있을 겁니다.

더 이상 우리를 스스로 대상화하지 말고 '유치'와 '개발', '성장' 등의 말에 현혹되지 말고 이 땅에 사는 당당한 주인으로서 제 목소리를 내었으면 좋겠습니다.

'인구 증가 정책 필요없다. 있는 사람이라도 행복하게 살게 해달라', '기업 유치 필요없다. 공공일자리 더 확충하여 사회서비스 늘여라', '산업단지 웬 말이냐. 그 돈으로 복지정책 펴라' 이런 구호들이 많아졌으면 좋겠습니다. 주체적으로 주도적으로 주인답게 우리의 목소리로, 또 우리의 행동으로 우리의 지역을 가꿔나갔으면 좋겠습니다.

글
황민호

05
돈으로
살 수 없는 것들

    공적 서비스는 그 서비스를 제공하는 '목적'이 분명히 있다. 서비스 자체를 현물로 지급할 때 이점은 서비스를 제공해서 이루고자 하는 정책 목표를 보다 정확하게 달성할 수 있다는 점이다. 학교급식은 그 일례다. '한 끼 식사'라는 현물을 제공하려면 학교는 급식소를 짓고, 영양(교)사와 급식 노동자를 고용하고, 식재료를 구입해 완제품을 내놓아야 하는 수고를 감수해야 한다. 영양식에 맞춰 따뜻한 밥과 국, 반찬 3~4가지가 나오는 밥상은 그렇게 학생들의 앞으로 간다. 급식을 제공하는 또 다른 방식도 존재

한다. '식비'를 주는 방식이다. 결식아동에게 9천원의 급식비가 지원되고 있다. <옥천신문>이 급식비를 지원받는 아동과 동행했을 때 이들은 식비로 편의점이나 매점 등에서 컵라면, 삼각김밥, 인스턴트 도시락 등 간편식을 택하는 경우가 많았다. 2012년(옥천신문 '결식아동 상품권 지급, 최선입니까'), 2021년(옥천신문 '5천원으로는 김치찌개도 못 먹어, 아동급식지원비 인상 필요') 강산이 변하는 시간에도 아동급식비를 활용하는 방법은 크게 달라지지 않았다. '현금' 지급 방식은 끼니를 거르지 않는 수단으로써는 유효했을지 몰라도 저소득 가정의 아동의 영양개선으로 건강하게 자랄 수 있도록 한다는 정책 목표를 달성했는지는 의문이 남는다. 현금지원과 다르다고 말하는 '바우처(voucher, 특정 현물로만 교환할 수 있는 상품권 등)' 제도 또한 마찬가지다.

누군가 성공적인 현물 정책의 사례를 묻는다면 단연

결식아동 상품권 지급, 최선입니까?

참여자치시민연대, 시군별 결식아동 급식 지원실태 보고
'급식비 인상·상품권 지양', 보은군 지역자활센터 도시락 배달

보은군 3천원은 따뜻한 밥·반찬

지역자활센터 300여명, 결식아동 도시락 배달

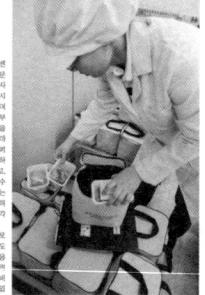

옥천신문 1131호 (2012년5월11일자)

"5천원으로는 김치찌개도 못 먹어" 아동급식지원비 인상 필요

정부 권고액 6천원에 못 미쳐, 아동 건강권 침해 우려

결식아동 식사 '질' 향상 위해 현행 지급방식에 대한 고민도 같이 해야

아동이 살기 좋은 고장으로 거듭나겠다며 유니세프(유엔아동기금)로부터 '아동친화도시' 인증까지 받은 옥천군이 정작 결식아동에게 지급하는 급식지원비가 5천원 수준에 머물고 있는 것으로 나타났다. 이는 보건복지부에서 권고하는 6천원에도 미치지 못할 뿐더러 타 지자체와 비교해도 턱없이 부족한 단가로, 성장기 아동들의 건강권을 침해할 우려까지 낳고 있는 실정이다.

■ "예산 5천원만 증액해도 급식지원비 6천원 가능해야…"

전국 지자체의 교육청은 매 끼니를 챙기기 어려운 소외계층 도시나, 보호자가 없는 만 18세 미만의 아동에게 매우 한 끼당 일정 금액을 책정해 급식비를 지원하고 있다. 군에 따르면 우리군의 전체 결식아동 수는 총 540명으로 △초등학생 245명 △중학생 152명 △고등학생 138명 △어린이 50명으로 집계되고 있다. 급식지원 사업은 해당 한 끼를 지원받는 형태로(군비 100%) 방학 중 한 끼를 지원받는 형태(군비 100%), 학기 중 주말 및 공휴일에 한 끼를 지원받는 형태(도비 100%)로 나뉜다.

문제는 군에서 결식아동들에게 지급하는 급식지원비는 한 끼당 5천원으로, 올해 보건복지부가 권고하는 결식아동 최소 급식기준 매뉴얼에 따르면 아동급식 최소단가는 6천원이다. 현재 옥천군에서 지급하는 5천원 단가는 지난 2019년에 기존 4천500원에서 인상한 이후 현재까지 유지되고 있는 것으로, 우리 지역 결식아동들을 충분한 급식 단가를 보장받지 못하고 있는 상황이다.

지역 물가수준에 비춰봤어도 현재 5천원의 급식지원금으로는 결식아동들에게 제대로 된 한 끼를 해결할 수 있다. 5월 기준 옥천군 주요 황가동향에 따르면 △된장찌개백반 6천원 △김치찌개백반 6천400원 △설렁탕 6천500원 등 수준으로 물가적인 현실적인 한 끼 외식비의 관계와 부등이 판이함에나 배달에서 저렴한 간식이나 인스턴트 수밖에 자격 늘어난다. 맵, 편의점에서 구매할 수 있는 식품이 주로 컵라면이나 삼각김밥, 간단 도시락 및 인스턴트식품이 대다수인 점을 감안해도, 이는 곧 영양불균형이나 환경호르몬 등 유해물질에 노출되어 아동들의 건강을 해치게 되는 셈이다.

지역 아동복지단체 관계자는 "아무래도 결식아동 개인이 5천원으로 한 끼 식사를 해결한다는 것은 현실적으로 어려움이 많다. 자연면 한 그릇도 6천원쯤인데 5천원으로 편의점 배식 못하지 않겠냐느니, "복지자체에서 급식을 통해 끼니를 제공받는 아동들의 경우에는 그나마 재료배합 소진이나 균형 잡힌 한 끼 식사가 가능할 텐데, 그렇지 않은 아동들의 경우에는 상황이 더 열악한 것으로 보고 있다"고 말했다.

게다가 도비의 지원되는 급식단가는 정부 권고액인 6천원에 맞춰 지급되고 있는 반면, 군비로 지급되는 지원비만 여전히 과거에 머물고 있다는 점에서 배차가 나를 수밖에 없는 상황이다. 한 끼에 3천원으로 전국에서 가장 높은 급식 단가를 책정하고 있는 서울특별시 구로구나 금천구와 8천원의 급식지원을 1배를 지급하고 있는 서산시 등 타 지자체와 비교하면 절반 수준에 머무르고 있는 현실이다.

군의회 이용수 의원은 "같은 아동급식지원이 도에서 보조하는 급식지원은 6천원씩 받지만, 군에서 지원하는 스팀경우에는 5천원 받고 있다. 자체를 운영(간담회)에서 군의회 이용수 의원은 "급식비 지원 방식을 제안으로 한 것이 아니라 타 지자체의 사례를 분석해 다양한 방식을 도입해야 한다"면서 "배달 사람보다 관련해서 지난 예산 심사 때 담당 부서에 시정조치를 요구했지만, 지금까지 인상지지 않은 것 같다"고 말했다.

이어 군 주민복지과 아동급식 관계자는 "아동들 가정의 상황이나 도시에 매달 달려 있기도 해서 적극적으로 검토해달라"고 말했다.

■ 상품권 지급방식도 단점 명확, 용도에 맞게 자유롭도록 제도적 장치 필요

결식아동 급식 지원급여 현실에 맞게 인상하는 것 못지 않게 중요한 것은 '지급방식'이다. 현재 옥천군은 결식아동자의 방식으로 지역상품권 급식을 택하고 있기 때문에, 이는 아동 당사자에게 본인이 먹고 싶은 것을 선택할 수 있다는 장점으로 작용할 수도 있지만, 상품권의 용도에 제한이 없어지면 아동들이 한 끼 해결해주는 것이 정원이 보호를 담당할 수 없는 한 단점이다. 때문에 급식지원을 지역상품권으로 지급하는 방식을 더 이상이지 못하다는 지적은 꾸준히 제기되어 왔다. 자녀의 군의회간담회에서 군의원 이용수 의원은 "급식비 지원 방식을 제한적으로 걸 것이 아니라 타 지자체의 사례를 분석해 다양한 방식을 도입해야 한다"면서 "현행 방식인 지역상품권으로 지급한다면 아동들이 끼니를 해결하는 데만 사용하는 것이 아니어서 급식비 지원 목적을 담아할 수 없다"고 지적한 바 있다.

하지만 군은 타지자체 사례처럼 급식비를 카드로 지급하거나 도시락 배달 등으로 아동들에게 지원하는 방식은 현실적으로 어렵다는 판단이다. 면 단위의 경우 급식카드를 사용할 읍면유식당이 많지 않을뿐더러, 도시락 배달 역시 거리상 여유 후반이 있어 무작정 늘리기에는 한계가 있다는 것.

군 주민복지과 아동급식 관계자 "현재 지역자체에 급식비 방식으로 지급했던 구역 검토해왔지만, 면단위에 거주하는 아동들의 경우 이용할 수 있는 식당이 많지 않으며 "그러다보니 현재 지역상품권 지급 방식을 유지할 수밖에 없고, 상품권을 지급하면서 현재 사용되나 급식을 위해서만 사용해라고 강제할 수는 없다"고 말했다.

아예 이용수 의원은 "결국 문제는 급식지원비를 상품권으로 지급하는 경우 아동들이 엄격한 곳에 사용하게 5천으로 취자를 받지 않게 5천는 것"이며 "아동들의 제도적 당시를 지원비를 오로지 식사를 해결하는 데 사용할 수 있게끔 강제할 수 있는 제도적 장치가 필요해 보인다"고 말했다.

'친환경 학교급식'이라 답할 것이다. 옥천군은 학교급식지원센터를 만들어 지역 안에서 환경친화적으로 생산된 농산물이 학교급식 식재료로 쓰일 수 있도록 '먹거리 공공조달' 체계를 만들었다. 지역 농가는 지역 안에서 안정적인 판로를 확보해 농업의 지속가능성을 높이고, 지역 내

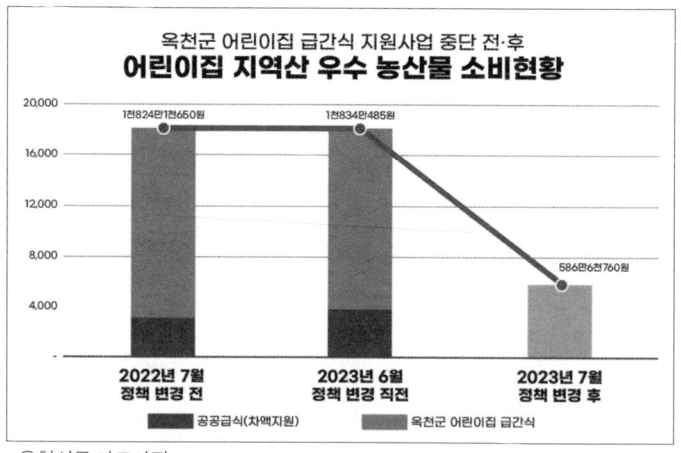

<옥천신문 자료사진>

아동은 신선한 친환경 식재료로 만든 급식을 먹으며 건강을 확보할 수 있고, 탄소발자국을 줄여 기후위기에 대처할 수 있는 등 친환경 학교급식은 하나의 정책이라 말할 수 없을 정도로 정책적 효과가 다양하고, 크다. 옥천군내 학교에는 두부, 감자, 고구마, 들기름, 상추, 치커리, 고춧가루, 표고버섯, 통밀, 혼합잡곡, 밀가루 등 50여 가지 친환경농산물이 지역 안에서 생산돼 학교급식으로 들어갔다. 식재료 전부를 지역산 친환경 농산물로 바꿔내지는 못했지만 지역 안팎에서 우수 정책으로 인정받고 있다. '두부'가 아닌 '현금'을 지원하면 어떻게 될까? 두부의 자리에 두부가 들어갈 수 있을까? 안타깝게도 이 질문에 대한 답도 옥천에서 찾을 수 있다. 어린이집 급·간식 '현물 지원'을 '현금 지원'으로 바꿨더니 지역산 농산물 소비가 68% 급감했다. 현금을 받은 어린이집에서는 지역산 농산물을 소비하고 싶어도 현물을 구입하는데 어려움을 겪었다. 언제, 어느 어린이집에서 얼만큼의 주문이 들어올지 모르는 상황에서 농산물을 팔지 않고 남겨두기는 어렵기 때문이다. 현금 지원으로 그간 시행했던 '품목 회의', '수급 회의'가 사라졌고 지역산 농산물을 공공급식 안에서 소비할 기회도 그만큼 사라졌다.

서울시-기후동행카드가 떠들썩하다. 2024년 4월 8일자 서울시 보도자료를 보면 기후동행카드 누적 판매가 100만장을 돌파했다. 하루 이용자가 50만명을 넘어간다고도 한다. 월정액만 내면 버스, 지하철, 따릉이(공공자전거) 등 대중교통을 무제한 이용할 수 있어서 교통비를 아낄 수 있는 민생 정책이자, 자가용 이용 비율을 떨어뜨려 기후변화에 대응하는 일석이조의 정책이다. 두 가지 정책 목표를 실현하는데 유효한 기후동행카드는 어쩌면 서울시에서만 유효한 정책일지도 모른다. '버스', '지하철', '공공자전거' 등 공공교통 서비스가 현물로 지원되고 있어서다. 심지어 버스를 타다가 지하철을 환승할 수 있는 등 촘촘하게 연결돼 있기도 하다. 교통비 부담을 줄이겠다고 아무리 많은 현금을 지원한들 물리적으로 탈 것이 충분히 마련돼 있지 않은 곳은 대중교통 이용률 자체를 올리는 데 한계가 있을 수 밖에 없다. 선거 때만 되면 나이를 기준으로 각종 대중교통 비용 지원 정책이 쏟아진다. 이른바 교통바우처 정책이다. 교통비 경감을 위한 노력은 가상하지만 이때마다 선행돼야 할 것이 대중교통 공영화이고, 공영화를 통해 실현하려고 하는 것은 대중교통 양적 확대다. 실질적으로 필요한 것은 돈이 아니라 버스 그 자체이기 때문이다.

바우처(voucher)는 현금보조일까, 현물보조일까. '특정 현물로만 교환이 가능'하기 때문에 현물지급의 한 형태로 분류된다. 전달 시간이 빠르고 이용자 선택의 폭이 늘어난다는 장점을 지닌 현금지원 방식과, 비합리적 소비를 막아 정책 목표를 달성하는데 적합하다는 특징을 가진 현물지원 방식의 이점을 가지고 오겠다는 것이 바우처 제도인데 인프라가 부족한 농촌 지역에서는 두 제도의 단점만 모아놓은 형국이 돼 버렸다. 여성농업인 행복바우처('문화생활' 기회 제공)는 연간 20만원을 지급하는데 문화생활을 영위할 수 있는 시설과 프로그램이 부족하다 보니 이를 다 쓰지 못하는 경우가 발생한다. 저소득층의 문화예술 체험 및 여행 등을 지원하기 위해 만든 문화누리카드 역시 같은 전철을 밟고 있다. 문화생활에 바우처를 쓰고 싶어도 문화생활 인프라가 적으니 생필품을 살 수 있는 꼼수를 찾게 되고, 실적을 높여야 하는 압박과 더해져 샴푸, 린스, 치약, 휴지, 세제 등 생필품을 파는 '찾아가는 문화트럭'이 등장하기도 했다. 인프라가 부족한 농촌에서 바우처는 자칫 '특정 현물로 교환하기 어려운' 계륵이 되기도 한다.

현물 지원이냐, 현금 지원이냐를 두고 때때로 공약 퇴행이 나타나기도 한다 충북도지사, 옥천군수, 일부 옥천군의원 공약에 있었던 '공공산후조리원 신설'이 '산후조리비용

2장 자치를 가능하게 하는 숫자와 공간 115

지원'으로 전환된 것은 일례다. 옥천은 분만실이 없어 상당수 예비 부모들이 대전 소재 병·의원에서 아이를 낳고 있다. 혹자는 이를 두고 엄격히 말해 '옥천 아동'의 대부분이 사실은 '대전 출신'이라고 자조적인 목소리를 내기도 한다. 산부인과 전문의, 마취과 전문의 등을 둔 분만실 운영이 어렵다

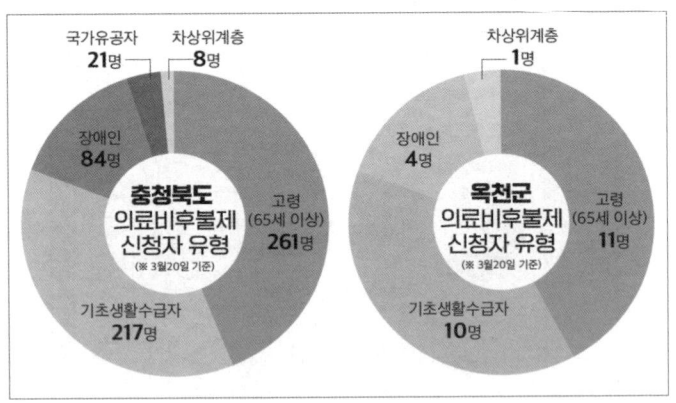

옥천신문 1734호(2024년3월22일자) 의료비후불제 1년 성적표, 우리지역 '고령자·수급자'가 '치과' 몰려

는 것을 알고 있는 주민들은 사실상 이 요구를 포기(?)하고 이 보다 먼저 산후조리원 필요성을 꺼냈다. 옥천에는 분만실만 없는 것이 아니라 산후조리원도 없기 때문이다. 지방선거 의제로 군립 산후조리원 신설, 산후조리원 설치 관련 제도 정비를 위한 조례 제정 등이 올랐고 일부 후보자들의 공약집에도 들어가게 된 배경이다. 막상 공약을 실현할 단계에 이르러서는 '산후조리비용 지원'으로 바뀌었다. 산후조리원 신설 필요성에 공감해 표를 행사한 이들 입장에서는 선거 전과 후가 달라져 당혹스러울 수 밖에 없는 상황이기도 하다. 출산 과정에서 몇 백만원의 목돈이 산후조리 비용으로 들어가기 때문에 정책이 없는 것보다 낫다지만 여전히 옥천에는 '모자의 건강을 지키는' 산후조리원이 없다.

옥천 주민은 공공병원 서비스도 돈을 주고 살 수 없다. 옥천에는 공공의료원이 없다. 정부는 권역을 묶어 공공의료원을 두는 방식으로 공공서비스를 제공하고 있는데 옥천은 청주권에 묶여 있다. 청주의료원의 공공의료사업으로 저소득층 노인 무릎관절 수술비 지원, 간호간병통합서비스, 저소득층 간병서비스 지원, 퇴원환자 지역사회 연계사업, 외국인근로자·다문화가족·북한이탈주민 등 소외계층 건강검진사업 등을 실시하고 있는데 사실상 옥천 주민은 이용을 못하고 있다. 충청북도는 전국 최초로 '의료비후불제'를 시행하며 주목을 받았다. 의료비후불제는 의료비 부담 때문에 진료를 받지 못하거나 미루는 취약 계층에게 의료비를 빌려줘 제때 치료를 받게 하려는 정책이다. 의료비후불제를 시행한다고 해도 공공병원, 공공의료원이 없는 옥천 주민이 받을 수 있는 공공서비스는 한계가 있을 수 밖에 없다.

글
이현경

3장

옥천으로 마주한 농업농촌의 삶

01
농촌에서는 씨가 마르는 공공의료

"벌 쏘여서 보건지소 가면 읍내 병원 가보라고 해요. 몇 번 병 고치러 갔다가 자꾸 뭐가 안 된다고 하고 읍내 병원 가보라고 하면 안 가죠. 거기 가면 시간만 낭비할 텐데 또 뭐하러 가나. 차라리 그냥 읍내 병원 가고 말지. 이런 생각이 드는 거죠."

"아이들 약은 아예 없어요. 물론 면에는 아이들이 많이 없지요. 애들 아프면 소아과 약은 없다고 아이들 진료는 안 한다고 읍내 나가보라고 해요. 애들 약 가져다 놓으면 잘 안쓰고 방치되고 유통기한이 지나니까 아예 안 갖다 놓는다고 그래요. 면에 급하게 아파서 약국이라도 갈라치면 약국이 어디 있나요? 편의점도 없고. 어디 상비약을 마땅히 구할 만한 데가 없어요. 그래서 아프면 차 타고 30분 가량 으레 읍내 병원 가야되는 걸로 알고 있죠."

"보건지소야! 뭐 할머니들 당뇨약, 혈압약 챙겨주는 거 정도, 그리고 가끔 물리치료, 한방의 와서 침 맞는 정도인데 그것마저도 점점 없어져요. 옛날에는 치과진료도 했는데 그것도 슬그머니 빠지더니 이제 물리치료실도 다 빠져 보건소에서 통합 운영된다고 하데요. 면사무소 옆에 보건지소가 있는데 있으면 뭐해요. 할머니들, 당뇨, 혈압약 챙겨주는 것 그 이상으로 발전이 없어요. 그런 할머니들도 장날 읍내 구경한다고 겸사겸사 읍내 병원 많이 출입하시니 보건지소의 존재감이 별루 없어요."

"농사일 하다 다치는 경우가 많아요. 외과진료도 필요한데 외과진료는 안 하거든요. 엑스레이도 없고 읍내 일반 가정의학과 만치도 못해요. 더도 말고 덜도 말고 그냥 만성질환 앓는 할머니들 가는 데가 딱 보건지소예요."

"뉴스에서 지역에 공공의료를 확충한다 뭐다 떠들어대지만, 지금까지 공공의료를 제대로 하기나 했나. 예산 없다고 줄이고 감축하고, 없애고 하는 게 전부인데. 옥천에 오지에 있는 보건진료소 20여 개 있었는데 5-6개 없앤 게 옥천군이에요. 보건진료소 없앤다고 했을 때 주민 반발이 얼마나 많았어요. 데모하고 찾아가서 안 된다고 이야기했는데도 막무가내로 밀어 붙이더라구요."

지근거리에 병원이 없다는 게 상상이나 되는가. 버스 타고 30분 가량 가야 병원과 약국을 접할 수 있다는게 믿겨지는가. 시골 농촌은 그렇다. 보건소는 알아도 보건지소, 보건진료소의 개념은 잘 모를 것이다.

군단위 농촌의 면에는 보건지소와 진료소가 있지만, 사실 시늉만 내고 있었다. 일찌감치 사지말단까지 뿌리내린 보건진료소 하나둘 없애더니 보건지소만 근근히 유지하고

3장 옥천으로 마주한 농업농촌의 삶

있는 형국, 보건지소에 있던 물리치료실도 군 보건소로 다 통합하면서 한의사 돌리면서 공백을 채우는 시늉을 하고 있었다. 예산을 핑계로 효율을 이유로, 가장 약한 곳부터 툭툭 건드리면 무너지게 되어 있다. 소수자들 의견이야 가볍게 뭉개면서 사람 없는 곳에 투자 대비 효율이 없다는 등 자본의 논리를 들이밀며 함부로 통합시킨다. 그것이 바로 공공성이 약화되는 과정이다. 오랫동안 뿌리내리며 교통했던 관계의 끈을 과감히 끊어버리고 체계의 말단으로 기능하게 하면 그 필요성은 더 약화된다. 약화되면 또 하나둘 끊어버리는 것이다. 가령 이원면 현리 보건진료소와 지탄 보건진료소를 없애면서 그 중간에 원동보건진료소를 설치했다. 양극단 보건진료소의 지리적 중간쯤 설치한다는 건데 탁상에서 보면 이는 그럴듯해보이지만, 실상을 들여다보면 '악마의 통합'이다. 지탄에서 원동보건진료소를 이용하려면 차가 쌩쌩 달리는 4번국도를 가로질러야 한다. 포동과 지탄 사람들이 걸어서 원동보건진료소를 이용하기란 사실상 어렵다. 그렇다고 버스 타고 원동보건진료소까지 나오기도 애매하다. 그럴 바엔 옥천오일장 열릴 때 읍내 병원 가고 말지. 그러면 이용율이 저조할 수 밖에 없고 자주 마실가듯 이용했던 보건진료성의 관계성이 툭툭 끊어지고 나중에 통폐합 대상에 또 그 이름이 오를 것이다.

열두가산이 고개를 빙글빙글 돌아 넘어가야 했던 용촌보건진료소를 없애면서 동대보건진료소와 합쳤다. 안내면에 사는 사람들은 안다. 용촌리와 동대리가 얼마나 먼데, 같은 면에 있다는 이유로 그렇게 합병한 것을 보면 정말 탁상행정 그 이상도 이하도 아니다. 용촌, 답양리는 동대보건진료소 관할 구역에 들어갔지만, 차라리 안내보건지소가 더 가깝고, 읍내 병원 가고 말지, 동대보건진료소 가기는 힘든 것이다. 물론 보건진료원이 돌아다니면서 방문은 하고 있지만, 이는 기존 관할 구역에도 피해를 주는 일이다. 거기 한번 방문할라치면 보건진료소가 비어 있을 수 밖에 없는 것이다. 그렇게 관계성을 끊어버리면 체계는 조직을 자율적으로 통폐합하기 용이하다. 주민과 접촉면이 줄어들면 반발도 적을 것이며 그렇게 줄여나가는 것이다. 아마 간호사 한명만 파견되어 있는 보건진료소는 이제 학교 폐교와 마찬가지로 점점 줄어들 것이다. 교통이 편리해졌기 때문에 굳이 필요없다는 것이다. 버스 한 번 타면 갈 수 있기 때문에 굳이 존재 이유가 없다는 것이다. 그런데 정말 과연 그러한가. 버스를 타는 시간과 비용은 과연 누구의 몫으로 남는가.

저상버스도 아닌 승차감 제로인 덜컹거리는 농촌버스 타다가 멀쩡한 관절도 아작 난다는 이야기가 있다. 병원 가다가 병 난다는 이야기도 있다. 높은 계단을 올라가다 먼저 출발하는 버스, 손잡이만 잘못 잡으면 그대로 삐끗이다. 높은 과속방지턱 하나 넘을 때마다 쿵쿵, 뼈마디 관절이 쑤신다. 구불구불 덜커덜컹 멀미를 동반한 40분-50분 버스타기는 사실 고난의 행군이다. 몇 번 갈아타야 될 때 제 시간에 버스가 안 오면 비가림도 없는 정류장에, 의자 하나 변변찮은 정류장에 하염없이 기다려야 한다.

"보건진료소는 이전 체제만 유지한다면 최상이었지요. 보건진료소 옆에 사택이 있어 보건진료원들이 아예 거주를 해야 했고 보건진료소 운영협의회가 15명 정도로 구성되어 진료소 운영에 전적으로 주민들의 의견과 합의가 바탕이 되어야 했거든요. 물건 하나 살 때도 약품 하나 구입할 때도 주민인 운영협의회장의 결재를 득해야 했지요. 얼마나 민주적입니까. 그런데 이런 민주적인 절차도 하나씩 허물어집디다."

간호사인 보건진료원을 뽑을 때는 보건진료소내에 거주를 해야하고 그 지역에서 이탈할 수 없었다. 물론 뽑힐 때 그런 법규와 규정으로 뽑았지만, 진료원들은 어떻게든 이 규정을 없애려고 했다. 도시에 살고 싶었기 때문이었다. 교육, 문화 환경이 도시에 비해 열악했던 시골에 근무하는 것 자체가 힘들었는지 이들은 지속적으로 '거주 이전의 자유'를 이야기하며 이 규정을 폐지하도록 움직였고

2007년 즈음인가 이 규정은 없어졌다. 옛날에 지역에 살았을 때는 의사만 아니었지 그 지역의 건강 주치의나 다름이 없었다. 그 지역 주민으로 살면서 지역 상황을 소상히 알아 의지할 수 있는 버팀목이었다. 마을에서는 부부싸움이 나도 괜한 소문이 날까 하소연 할 데가 없었는데 보건진료소에 와서 시시콜콜한 이야기 다 하면서 풀기도 했다. 익명이 없는 그런 공간에서 보건진료소는 면사무소보다 가까운 완충지대였던 셈이다. 약 타러 마실가면서 이런저런 이야기 나누면서 지역의 이야기들이 풀리기도 했다. 가슴이 따뜻했던 보건진료원들은 부모님이 안 계신 아이들을 모르게 챙겨주기도 했다. 실거주 하지 않아도 되고 타지역보건진료소로 전근시기가 짧아지면서 두터웠던 관계도 엷어져 갔다. 또한 주민들로 구성된 보건진료소 운영협의회도 의사결정 기구에서 이제 자문기구로 전락했다. 분기별로 모이긴 모이지만, 의견만 내는 정도였다. 하나로 모아졌던 관계성과 공동체성이 순식간에 서비스 제공자와 수혜자로 변모되었다. 옛날에 보건진료원은 주민과 마을 속에 건강주치의나 다름없었지만, 이제는 기본적인 의료 서비스를 제공하는 기관이 된 것이다. 이런 변질되는 방식은 나름 전문성, 효율성을 근거로 둔다. 전문성과 효율성만이 알맹이인줄 착각하는 탁상 전문가들이 많다. 그 알맹이를 둘러싸고 있는 외피와 알맹이속의 씨앗들은 전혀 보지 않고 말이다. 이런 추세라면 앞으로의 공공의료체계의 그림이 그려진다. 사지말단으로 면지역 오지거점까지 침투한 보건진료소의 싹을 잘라버리고 아마도 보건지소도 통합할 개연성이 농후하다. 관계형 의료를 제거하고 체계형 서비스를 대신하는 쪽으로 변모될 가능성이 크다.

"보건진료소는 운영협의회라고 있고 주민들과 분기별이라도 얼굴을 맞대고 이야기라도 하지. 보건지소는 그런것도 없어요. 군복무하는 공보의 1년, 2년, 3년 있다가 발령나고 군복무 마치면 사라지는 초보 의사들이 지소장하고 떡하니 앉아있고 주민 의견을 수렴하는 공식적인 체계도 절차도 위원회도 없어요. 그냥 있다 가는 거지. 이게 무슨 민주적인 공공의료라 할 수 있나요?"

보건지소는 운영위원회 자체가 없었다. 간호사와 공보의로 구성된 것이 전부. 그 사람들이 그냥 오는 사람 받는 것이다. 보건지소가 어떻게 발전할 것인지. 민의를 수렴하는 절차가 아예 생략되어 있다. 이쯤에서 보면 그냥 주민들 반발 무마하려고 대충 만들어놓은 것이다. 보건지소의 비전이나 방향 자체가 없다. 그냥 정말 최소한으로 해놓은 것이다. 이런 지소에 누가 자주 많이 가겠는가.

이처럼 공공의료는 방치되어 있고 읍내 병원은 노인환자들 때문에 돈을 많이 번다. 장날이 아니라도 아침부터 줄 서 있는 노인들은 그들에게 다 '돈'이다. 지역 의사들은 거의 90% 지역에 살지 않는다. 인근 대전에서 다 출퇴근한다.

보건진료소와 보건지소가 의료의 공공성과 공동체성을 방치한 그 틈새로 시골 의료시장이 열렸다. 그들은 물론 열심히 한다. 공보의도 간호사도 사명감을 갖고 열심히 하는 사람들이 제법 있다. 그래서 많이들 칭찬도 하신다. 하지만, 이 시스템은 단단히 잘못 되었다. 어떤 지향도 비전도 없다.

보건진료소는 정말 면사무소보다 더 주민들 가까이에 있는 공공기관이다. 간호사 한명이 그 공간에 들어가면서 할 수 있는 공익적 효과는 정말 생각보다 많다. 하지만, 거주제한이 풀리기 전부터 공공연히 출퇴근하는 진료원이 많았다. 물론 공고와 규정을 숙지하고 응시하고 합격했지만, 젊은 사람이 더구나 전문직 종사자가 시골 농촌에 산다는 것은 쉬운 일은 아니었을 것이다. 그래서 그들은 이 규정이 빨리 삭제되길 간절히 원했다. 당시 취재하면서 그런 이야기를 들은 기억이 난다. "기자님은 면지역 시골에 살아본 적 있어요? 우리가 얼마나 힘들게 사는지 알아요? 교육과 문화, 생활 편의시설이 얼마나 열악한지 아느냐구요? 살아보고서 이야기를 하세요. 면 소재지도 아니고 오지 거점에 사는 게 얼마나 힘든지." 하소연하면서 날이 서 있는 그런 말들이 슬펐다. 이제까지 거기에 살았던 사람들은 대체 누구이며, 살아가는 사람들은 누구인가?

못 견디게 떠나고 싶도록 농촌을 만든 사람들은 대체 누구인가? 농촌은 사실 지금도 떠나고 있다. 엑소더스가 아직 끝나지 않았다. 남아있는 사람들의 소리없는 절규가 공간을 가득 메우고 있다.

그럼에도 지금의 보건지소와 진료소가 계속 유지만 되기를 바라는 주민들은 여전히 있다. 할머니들이 그렇다. "지소에 오는 게 가깝고 편리하고 얼마나 좋은지 몰라. 가격도 싸고 당뇨약, 혈압약, 기침 할 때 오는데 그나마 이거라도 있는게 어디여. 좋지. 암만 꼭 있어야 돼."

"우리 진료소 있으니까 얼마나 편한데요. 체조도 하고, 건강상담도 하고, 약도 챙겨주고 진료소 없으면 안 돼요.

할머니들한테 꼭 필요한 곳이에요. 더 이상 진료소가 안 없어졌으면 좋겠어요."

지금 있는 서비스도 감지덕지하며 고마워하는 사람들이 분명 있다. 아직까지 보건지소와 진료소가 남아있는 이유이다. 우리는 이 한줌의 이유로 면지역 농촌 공공의료를 어떻게 해야 할지 고민해야 할 것이다. 이는 농촌에도 사람이 살고 있기 때문이다. 의료서비스가 필요하기 때문이다.

공공의료는 민주성과 관계성이 담보되어야 한다. 아무리 전문적 지식이 없고 의료에 무식한 주민이라도 운영위원회 일원이 될 수 있다. 그리고 전문성은 그런 보편적인 주민들에 의해 통제되어야 한다고 생각한다. 그게 바로 민주성이다. 전문성을 가진 사람들은 주민들을 이해시킬 책무가 있고 여러 주민들은 합리적인 결정을 위해 의견을 모아야 한다. 이 과정들이 생략되면 모든 일들이 빠르게 진척될 수 있겠으나 민주주의는 아닌 것이다. 생활권이 같은 공동체 속에 공공의료가 자리잡는 것이 적합하다. 그런 공동체 속에 공공의료가 싹이 트길 바란다. 민주주의는 번거롭고 까다롭고 힘들다. 늘 갈등이 수반되고 다툼도 종종 일어난다. 민주주의는 그런 갈등을 먹고 자란다. 갈등이 없는 민주주의는 죽은 민주주의다. 부글부글 끓어야 한다. 아무리 실력이 좋은 전문 엘리트라 하더라도 마음대로 할 권리는 없다. 이 사회의 가장 약한 자가 중심에 있어야 한다고 생각한다. 그런 민주성도 덩어리가 커지면 민주성이 희박해진다. 사람이 사람으로 보일만큼의 커뮤니티 구성이 그래서 중요하다. 적절한 공동체에서 민주주의의 효능감은 커진다. 공공의료는 이런 민주성과 관계성 기반 위에 자리잡혀야 한다. 옛 보건진료소가 그렇게 운영되었듯이 사지말단까지 민주적인 공동체 공공의료가 뿌리내리길 바라는 바이다.

글
황민호

② 지역 아이부터 시작해 모두를 살리게 된 옥천푸드의 시작

어떻게 먼저 말을 풀어내어야 할지 모르겠습니다. 논란이 있는 문제일 수도 있지만 먹을거리는 상품이 되어선 곤란하다고 생각합니다. 최소한으로 인간적인 삶을 영위할 수 있는 안전망으로 공공재여야 한다고 생각하지요.

먹을거리가 상품이 되어버린다면 그것으로 이윤을 내려는 사람과 기업이 존재할 터이고 그것은 효율과 이윤을 극대화하기 위해 기계와 농약, 그리고 유전자 조작까지 그리하여 대량생산으로 이어지는 윤리적 마지노선을 훌

쩍 넘어 진행될 것입니다. 이미 그런 상황을 우리는 눈앞에서 목도하고 있지요.

정부는 이미 이를 제어할 힘을 잃어버린 채 얼마나 무기력하게 자본에 의해 질질질 끌려가는지 실시간으로 우리에게 보여주고 있는 거예요. 공공의 권력에 의해 제어되지 않는 자본은 먹을거리 시장을 송두리째 집어 삼켜내고 있지요. 그것은 식료품의 문제만이 아니에요. 씨앗부터 밥상까지 싸그리 그 원천까지 감히 손을 대고 있는 거라구요. 자연에서 귀이 얻어온 그 원천을 무자비하게 침범하고 있지요. 그것은 순식간에 '맛'과 '브랜드', '마케팅'에 저당잡힌 채 건강 따위는 별 신경쓰지 않고(약을 먹고 치료를 하면 되는 것이거든요.) 원산지 따위는 더더욱 신경쓰지 않고 그것이 만들어지는 과정에는 질끈 눈을 감고 브랜드의 신뢰도와 마케팅의 참신성, 그리고 가장 중요한 '맛'을 보는 거지요.

우리의 입은 간사하게도 이미 그렇게 길들여져 있는 걸요. 그것은 멀리 갈 것도 없이 우리 농촌 들녘의 파괴를 의미합니다. 초토화될 것입니다. 그것은 농촌, 농업의 경쟁력 문제가 아니라 바로 정부 정책의 방임과 조장속에 자본의 갖은 유혹으로 내몰릴 수 밖에 없는 우리의 너절한 '선택'으로 인한 그 결과물일지도 모르지요.

우르과이라운드부터 시작해 이제 별반 새로울 것 같지도 않은 FTA와 TPP, 그리고 총체적 마침표를 찍어내는 쌀 개방까지 이미 벼랑끝으로 몰릴 대로 몰렸고 남아있는 여지가 정말 얼마 남지 않았습니다. 이를 지켜내지 못한다면 묘하게도 영토의 경계는 분명한데 대한민국의 껍질은 여전한데 껍질만 있을 뿐 알맹이는 속국인 제2의 식민지 상황이 도래할지도 모르지요. 이제 국가란 별 의미가 없는지도 모르겠어요. 자본이 경계를 넘어 지역 농촌 시골의 일상까지 아무렇지 않게 점령하고 있으니 말이에요. 동네 구

멍가게에서 한 가공 식료품을 사더라도 들어있는 나라가 보통 자그마치 세개의 나라는 돼요. 그것도 대륙이 서로 다른 나라가요. 거기다가 화학시간에서나 배웠음직한 여러 용어들이 생소하게, 길게 나열되어 있지요. 그것은 이미 자연이 아니라는 것입니다.

씨앗부터 재배과정, 가공과정에서 밥상에 오르기까지 우리는 그 과정을 이제 잘 알지도 않을 뿐더러 구태여 그 업체에서도 드러낼 필요가 없는 것이지요. 알싸한 겉 포장지로 유명 연예인이 광고를 하고 메이커 브랜드가 이미 알려져 있으면 그런 것 쯤이야 얼마든지 충분히 세탁되고 남음이 있지 않겠어요.

그것은 계급적으로 못 사는 서민들과 이어지는 것입니다. 더구나 테레비를 많이 보는 서민들, 미디어에 많이 노출되는 서민들, 그리고 생각할 여지가 없이 너무나 바쁜 서민들일수록 많이 노출되어 있지요. 가격도 참 저렴하고 '착한 가격', '반값'이라며 마구마구 유통되고 있지요. 다른 것을 별로 선택할 여지가 없는 거예요.

잘 사는 사람들은, 조금이라도 아는 사람들은 도시 생협을 이용합니다. 조금 비싸도 먹을거리가 건강에 미치는 영향으로 생협을 그렇게 이용하는 겁니다.

참 묘하지 않습니까? 예전에 수입하면 비싸서 부자들만 먹는 것인 줄 알았는데 물건너왔다고 자랑하며 먹었는데 이제는 국산이 오히려 구하기 힘든 지경에 다다랐으니 말이에요. 정말 격세지감이에요. 수입이라고 자랑할 게 없는 겁니다. 어지간하면 웬만하면 다 수입이거든요.

이런 엄혹한 상황에서 국가적인 식량자급도 중요하지만, 그것을 조금 더 파고들어가서 실제적인 운동으로 접근하기 위해서는 지역별 식량자급을 고민해야 한다고 생각해요. '국가적 식량자급율' 하면 그렇게 팍 마음에 와 닿지 않거든요. 그런데 '내 지역의 식량자급율' 하면 조금 더 다가오고 자극이 되거든요. 당장 우리가 살필 수 있고 실행이 가능한 것이기도 하거든요. 그래서 생애주기별로 지역의 친환경농산물과 연계되어 먹을거리의 삶이 지속될 수 있도록 지역별 먹을거리 삶의 안전망 구축이 시급하다고 생각합니다.

'자궁에서 무덤까지', 지역 사회는 이렇게 지역의 자연과 연결되어야 할 거예요.

그것은 생물 다양성과 아울러 모든 생명들을 이롭게 하는 선순환의 고리를 다시 가동시키는 것이지요. 선순환의 고리가 가동되면 아마도 공생의 길이 열리기 시작할 것입니다. 이것은 새 틀을 짜는 게 아닙니다. 이미 기존 만들어진 정책을 제대로 시행하며 조금 확장하는 일을 덧대면 얼마든지 할 수 있는 일인 겁니다.

보건복지부에서는 영양플러스라는 사업을 하고 있지요. 차상위계층 이하 임신한 산모부터 어린이집 가기 전 아이들까지 영양보충을 위해 식료품 꾸러미를 보통 2주에 한번씩 전달하고 있어요. 그런데 이런 것이 대부분 지역 친환경농산물로 공급되기보다 수입농산물 가공 식자재가 차지하는 비율이 높은 게 사실이거든요. 이것을 바꿔 내고 자치단체에서 조금 더 대상을 확장한다면 보편적으로 자궁에서부터 제대로 된 먹을거리의 시작이 열리는 것입니다.

어린이집 들어가면 어린이집 급간식 예산을 조정할 필요가 있을 거예요. 자치단체마다 아이 한명당 우유 한 개씩 주는 예산이 있는데 이것을 2010년 옥천에서는 지역 친환경농산물로 공급하는 것으로 바꿔냈거든요. 그래서 옥천 어린이들 급간식에 옥천밀 빵과 옥천쌀 떡이 들어가는 겁니다. 자치단체마다 이를 더 고심해야 할 터이고요. 최근에는 100명이하 소규모 어린이집 급간식을 위해 어린이집 급식관리 지원센터가 하나둘씩 생기더라구요. 이것과 연계해 어린이집 급식을 어떻게 챙겨낼 지 고민하는 것이 필요할 것입니다.

대부분 건강 생각하면 영양소와 칼로리만 고민하는데요. 그게 전부가 아니라는 거예요. 그 영양소와 칼로리를 함유한 농산물과 가공품이 어떤 과정으로 어떤 손길로 만들어졌는가가 바로 교육이고 중요한 지점이라고 생각하는 겁니다.

지역 친환경농산물로 하는 학교급식은 2008년부터 옥천에서는 시작하고 있지요. 이미 여러번 말해서 잘 알터인데요. 여기에는 농민들의 노력이 컸습니다. 돈 되는 농업보다 사람을 살리는 농업을 하자, 우리 아이들부터 제대로 먹이자는 그런 생각이 밑바탕이 되어 확산된 것이지요. 이런 마음들이 근간이 되어 지역에서 친환경으로 자급할 수 있는 품목들이 이제 40개 남짓 되는 품목에 도달했

옥천신문 1124호(2012년3월16일자) | 옥천푸드 조례제정 운동본부가 15일 군청 기자실에서 '옥천푸드 육성 및 지원에 관한 조례' 주민발의를 위한 서명운동 결과보고 기자회견을 열었다. 한농연 옥천군연합회 유기문 회장이 회견문을 읽고 있다. <옥천신문 자료사진>

고 조금씩 나아질 일만 남은 것입니다.

초등학교부터 고등학교까지 이런 시스템 안에 놓여있는 것입니다. 참으로 어렵게 투쟁하고 대화하면서 쟁취해낸 귀중한 공공급식 시스템이지요.

이 시스템을 기반으로 옥천군 농민들은 조금 더 확장하고 공공급식을 향한 지원조례를 만들었지요. 그게 바로 옥천푸드 지원조례인 것입니다. 학교급식만이 아니라 먹을거리의 공공성을 조금 더 넓혀나가자는 취지가 담긴 것이 이 조례안인 것이죠.

2013년 11월20일은 그래서 역사적인 날입니다. 옥천푸드지원조례가 제정공포되었고, 그리고 옥천군 친환경농업인연합회가 창립한 날이거든요. 이틀 후에 이를 더 추동할 수 있는 옥천순환경제공동체가 창립되기도 했었지요. 2014년 1월에는 옥천식생활교육네트워크가 만들어졌구

주교종 옥천군농민회장

윤성희 지역농업네트워크 팀장

조익한 옥천농협 경제상무

김홍수 친환경농축산과 유통지원팀 담당자

조승국 초록농원 대표

옥천푸드, 주체 간 소통·공감·협력이 '성공 열쇠'

옥천푸드조례는 소규모 고령 농가·소비자 위한 정책
옥천푸드 2020년 연 150억원 매출 달성 목표
옥천푸드종합센터 1년 늘려도 조례 가치 바로 세우는 게 우선

옥천푸드의 중요 축, 소비자 정책 배제대선 안 돼 소비자 믿고 먹을 수 있는 지역 농산물 기준 마련해야

'옥천푸드는 붕괴되는 농촌경제와 공동체 회복할 방안' 공감
생산·소비·유통·행정 각 분야의 10년 이상 장기계획 세워야

요. 이는 안팎으로 지역의 식량자급율을 높이고 지역 농촌을 살리는 데 어떤 기여를 할 거란 생각이 드는 겁니다.

지자체마다 살펴보면 각 실과별로 먹을거리 지원 예산은 생각보다 많습니다. 청소년 아동급식 상품권 지급하는 것부터 지역아동센터 지원, 복지시설 지원, 노인장애인 밑반찬, 경로당 급식지원, 영양플러스 등 세대별로 지원되는 먹을거리 예산이 참 많습니다. 이것 다 모아보면 몇 십억이 될 것입니다.

이런 예산이 정말 제대로 쓰이고 있는지 우리는 살펴야 할 것입니다. 제대로 쓰이고 있지 않다면 무엇이 문제인지, 도대체 왜 지역 농산물과 연계가 되지 않는지 따져 물어야 할 것입니다. 거기에 답이 있을 것입니다. 농민이나 주민들도 준비해야 될 측면이 분명 있을 터이고 행정 지자체에서 해야 할 몫이 있을 겁니다. 우리가 지향해야 할 바를 합의하고 각자가 추진해야 할 몫을 협의하며 하는게 중요할 터이지요.

그래서 지역마다 순환과 공생의 먹을거리 자급 체계가 만들어지기를 희망합니다. 먹을거리는 바로 생명과 직결되는 부분입니다. 농민의 생존은 우리의 생명과 직접적으로 연결되어 있는 겁니다. 이를 단절하고 분절시키는 자본과 권력의 획책에 반기를 들고 때론 투쟁하고 때론 대화하며 이를 저지하고 이어낼 역량이 우리에겐 필요합니다.

이것은 그 누구도 아닌 당장 나의 생명과 생존을 지키는 것이고 나아가서 내 아이, 우리의 이웃, 내 지역, 내 나라를 지키는 일일 겁니다.

글
황민호

03
금강유역환경청의 물은 거꾸로 흐른다

#1. 금강유역환경청이 옥천 곳곳에 펼침막을 걸었다. '건강한 금강만들기는 토지매수로부터 시작됩니다'라는 문장이 담겼다. 가뜩이나 댐 건설로 인한 수몰과 자연환경의 변화, 농사의 악영향, 개발제한구역의 확대 등으로 아직 상흔이 가시지 않은 상류지역에 겁없이 이런 펼침막을 아무렇지 않게 걸었던 것이다. 이 말인 즉슨 거칠게 말하면 '너네 땅 우리가 살테니까 내놔. 대청호 인근에 땅을 팔아야 금강이 깨끗해지니까 얼른 팔아'란 이야기와 진배 없다. 대청댐으로 인해, 망가진 농업 농촌 정책으로 인해 걷잡을 수 없이 인구가 줄어

드는 이 마당에 땅을 팔고 떠나라는 이야기에 부아가 안 치밀 수가 없다. 옥천읍 시내까지 성큼 들어온 토지매수구역은 유역청이 '수변생태벨트'란 푯말을 꽂은 순간부터 아무 것도 할 수 없는 곳이 된다. 지역 공동화가 순식간에 일어나는 것이다. 쥐 파먹듯이 듬성듬성 사막화가 된 농촌지역이 급속도로 쇠락하는 것은 시간문제이다. 그런데 옥천신문에 기사 관련 코멘트를 남긴 금강유역환경청 청장의 말은 차라리 순진무구에 가깝다. '토지매수가 마을 공동화를 가져온다는 이야기는 처음 들었다'니 어떻게 이런 말을 할 수가 있을까. 속내를 그대로 내보였으니 솔직하기는 하다만 탁상 행정이란 말은 딱 여기에 적용될 것이다. 현장을 모르고서 네모난 책상 안에서 펜대를 굴려가며 정책이랍시고 만드니 한심하다.

#2. 이보다 더 기함을 할 일이 최근에 벌어졌는데 이번엔 수자원공사 이야기다. 수변생태벨트 조성을 위한 기공식을 한다면서 유휴지에 심은 수확을 앞둔 밀밭 천평을

옥천신문 1417호(2017년12월15일자) | 금강유역환경청장과 주민과의 간담회가 옥천 읍사무소 대회의실에서 열렸다. 항의 손팻말을 들고 간담회 현장을 찾은 주민들 모습. <옥천신문 자료사진>

싹 밀어버렸다. 보름만 기일을 달라고 애걸했지만, 이런 바람은 싹 무시했다. "열흘 뒤에 행사 열리니 일주일 내 수확을 끝내라"고 단호하게 일갈한 후 실제로 2020년 5월 28일 밀밭 천여평을 싹 밀었다. 해당 주민은 계속 허가를 내며 농사를 지었던 것이었지만, 홍수가 난 이후 수자원공사는 허가를 내주지 않았고 이 때문에 무허가 경작을 계속 해왔던 것. 수 개월 동안 공들였던 밀밭이 베어지는 그 순간을 목도해야 했다. 수변생태벨트 기공식이 뭐라고.

주민의 이런 아픔과 설움에 아랑곳하지 않고 6월5일 김재종 군수와 박하준 금강유역환경청장, 민경진 한국수자원공사 금강유역본부장이 참여한 가운데 수변생태벨트 기공식이 열렸다. 어렵게 농사지은 밀을 베어내고 인근에 공사비 6억원이 투입돼 꽃창포, 수련, 애기부들과 포플러나무 330주와 주민소득작물 헛개 고로쇠 등 약용나무 198주를 심는단다. 밀밭을 지키는 이는 없었고, 밀밭을 짓밟는 이는 있었다. 기공식을 연다고 보름을 못 참고 거의 다 익은 밑밭은 베는 자들의 심성에 남아있는 생태란 도대체 어떤 걸까? 한번 들여다보고 싶었다. 눈앞에 이런 괴상망측한 일이 벌어졌는데도 불구하고 아무런 일도 일어나지 않았다. 군수를 비롯한 각 기관장들은 아무일 없다는 듯 기공식에서 테이프를 끊었다. 마치 점령군들처럼 말이다.

#3. 그들은 여전히 '물'만 보고 있다. 삶은 보이지 않는다. 볼 필요가 없다고 생각한다. 자기들이 먹는 물 인근에 사는

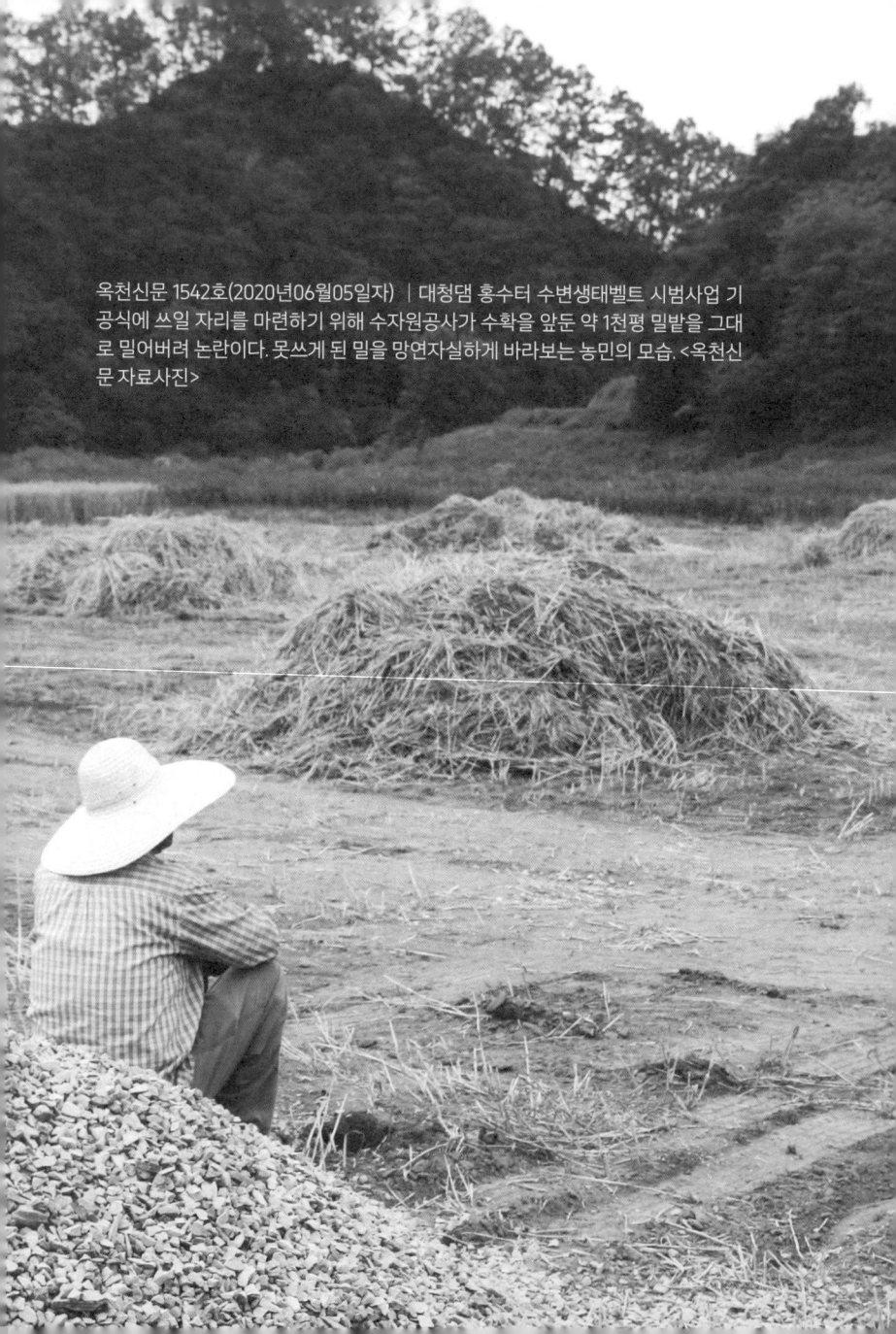

옥천신문 1542호(2020년06월05일자) | 대청댐 홍수터 수변생태벨트 시범사업 기공식에 쓰일 자리를 마련하기 위해 수자원공사가 수확을 앞둔 약 1천평 밀밭을 그대로 밀어버려 논란이다. 못쓰게 된 밀을 망연자실하게 바라보는 농민의 모습. <옥천신문 자료사진>

사람들을 오염원 취급하며 빨리 소거해야 할 대상으로 바라보는 게 분명하다. 그렇지 않고서야 토지매수를 아무렇지 않게 하고, 밀밭을 그렇게 밀어버릴 수가 있을까? 그들에게 깨끗한 물이란, 그들이 원하는 수변생태란 도대체 어떤 모습을 하고 있는 걸까. 그들이 말하는 '합법적인' 소개령을 내리는 것이다. "땅 좋은 가격에 쳐 줄테니 다 이사가시오. 여기는 우리가 먹는 물과 가까운 곳이니 땅 내놓고 이사가시오." 숨겨진 말들은 본질을 드러내고 이야기한다. 하류지역의 도시는 상류지역의 농촌을 이런 방식으로 착취한다. 이제 내가 먹는 물이 어떤 모습을 하고 흘러내려 오는지 사유하고 성찰해야 할 때이다. 물이용부담금을 따박따박 내고 있지만, 하천민주주의는 개뿔! 제멋대로 정책이랍시고 수립하는 금강유역환경청을 갈아엎을 때이다. 물은 낮은 곳으로 흐른다지만, 금강유역환경청의 물은 그렇지 않은가 보다. 그들을 규탄한다.

글
황민호

04
금지옥엽, 금이야 옥이야를 시작하자

　정말 지역 농촌의 아이들은 전부 금지옥엽같은 존재들이다. 금이야 옥이야처럼 키워내야 한다. 그럴려면 그들은 다양한 관계를 통해 만나야 한다. 또래친구들도 좋지만, 지역내 다양한 세대들과 만나야 한다. 하지만, 학교의 담장은 해마다 높아지고 지역안의 또 다른 섬이 되고 있다. 학교 축제는 예전에는 온 마을의 축제였으며 알리고 같이 즐겼지만, 지금은 그냥 조용히 소리소문없이 자체적으로 그냥 소진하고 있다. 학교는 담장을 허물고 지역과 뜨겁게 만나야 하며 지역속의 학교로 거듭나야 한다.

청소년들은 지역내 다양한 세대와 입체적으로 교류할 수 있어야 한다. 청산초의 세대공감, 지학(지역학교)협력 프로젝트 짝짜꿍 텃밭은 그렇게 만들어졌다. 청산초 이기분 교장이 사택 텃밭이 잘 활용이 안 돼 시멘트를 바르겠다는 이야기를 듣고 본 필자가 이 프로젝트를 적극 제안을 했다. 그랬더니 흔쾌히 응하여 청산노인복지관의 할머니 10명을 조직해냈고, 청산초 1-4학년 학생들과 짝꿍을 맺어줬다.

청소년문화의집은 교육공간을 무상으로 제공해줬고 학교에서는 사택 텃밭과 아울러 울타리를 문으로 만들었고 수도를 설치해줬다. 벽을 문으로 만든 것이다. 10명의 할머니 텃밭 기술자들은 순식간에 척박한 토양을 옥토로 만들었고 손주같은 아이들과 같이 농사를 짓는다는 마음에 벌써부터 설레이고 있다. 아이들만의 텃밭으로 만들었다면 벌써 방치되어 망가졌을 것이다. 선생님들의 품만 늘어났을 것이다.

영동 상촌 산울림협동조합 김희정 이사장이 기꺼이 퍼머컬쳐의 지도 교사가 되기로 하고, 능숙한 할머니 농부들을 유기농으로 다양한 작물로 지도를 하고 있다. 할머니들은 매주 수요일 텃밭으로 기쁘게 출근하고, 아이들은 밥을 먹고 산책하며 할머니들과 만난다. 같이 풀도 뽑고, 작물의 이름도 서로 공유하며 사진도 찍는다. 그 아이가 지역의 아이로 커갈 수 있는, 할머니 친구를 사귈 수 있는 기회가 된 것이다. 사는 동안 또래친구들만 필요한 것이 아니다. 동네 형과 누나, 언니도 필요하고, 삼촌, 이모라 부를 수 있는 관계도, 또 다른 할머니, 할아버지라 부를 수 있는 다양한 관계가 필요하다.

굳게 문을 닫아 건 학교의 빗장을 열고, 지역 속의 학교로 거듭나지 않으면 이 많은 관계자원을 만날 수 없다. 주변 자원을 십분 활용하여 텅텅 빈 게이트볼 구장에 가서 할아버지들과 게이트볼을 칠수도 있고 다목적회관에

가서 아코디언도 배울 수 있다.

　면사무소 2층에서 지역 어른들과 같이 치는 풍물은 어떠한가. 지근거리에서 우리는 닫힌 관계로 서로의 보물을 만나지 못하고 있다. 각자 품고 있는 옥과 금을 보지 못하고 있다. 그것을 보는 게 교육이다. 각자 어딘가에 꽂혀 있는 금으로 된 가지와 옥으로 된 잎사귀를 발견할 수 있다면 우리는 서로를 금지옥엽처럼 느낄 수 있다. 금이야 옥이야처럼 귀중하게 생각할 수 있다.

　학교의 주인은 지역사회여야 한다. 교원들은 이동하고, 학생들은 졸업하지만, 지역사회는 여전히 존재하기 때문이다. 태초에 지역사회에서 학교를 만들었지만, 이제 학교는 지역사회와 아무렇지 않게 존재하고 있다. 다시 본질로 다시 기본으로 우리는 돌아가야 한다.

교류의 다각화가 작은 학교의 살길

학생 수가 적은 작은 학교의 장점은 서로의 존재를 쉽게 인식하고 그 이름을 불러준다는 데 있다.

하지만, 그 장점은 시간이 가면 금방 시들해지고 확장되지 못한다. 다양한 관계로 이어지지 못하기 때문이다. 이제 작은 학교는 필사적으로 절실하게 관계 자원에 대해 고민해야 한다. 작은 학교의 연대와 일상적인 교류가 그래서 필요하다. 학교와 지역간의 교류도 마찬가지다. 또래 친구 뿐만 아니라 다양한 세대와 어떻게 관계맺기를 하고 성장할 지는 매우 살아가는 데 있어 중요한 과정이다. 아무 것도 하지 않은 채 작은 학교의 긍정적인 부분만 말하는 것은 식상하다. 우리 작은 것들은 이제 연대의 나래를 펴고 연결되어야 한다.

서울이 인근 김포까지 손을 대며 서울 왕국으로 확장하려는 이 시기에, 각 거점도시들이 서울을 본 받아 메가시티로 커지려고 하는 숨막히는 이 시기에 우리는 작은 것들의 연대로 작은 것들이 얼마나 소중하고 연결되면 단단한 힘을 발휘할 수 있는 지 보여줬으면 좋겠다. 광역행정구역이 다른 금산과 옥천의 연대로 금지옥엽이란 말을 구상했지만, 각 지역간 금지옥엽같은 관계들이 많이 만들어졌으면 하는 바람으로, 학교와 지역간의 교류가 활발해졌으면 하는 바람으로 이 글을 쓴다. 다시 한번 변화는 변방에서 시작된다. 경계에서 꽃이 핀다.

**글
황민호**

4장

자치를 가능하게 하는 사람과 제도

01
공공정보 접근성을 낮춰야 공적인 참여가 많아진다

취재를 거부하는 현장이 종종 있다. 강제력이 없기 때문에 대답을 강요할 수는 없다. 취재 및 보도를 하는 이유와 지금까지 상황을 설명하고 이해관계자(혹은 사건의 당사자)의 대답이 왜 필요한지 설득하는 과정이 이뤄진다. 반론할 수 있는 권리를 보장하기 위한 노력이다. 그럼에도 답변을 거부할 때는 도리가 없다. 하지만, 취재를 거부할 '합법적 이유'가 없는 현장에서는 이야기가 달라진다. 예를 들자면 이런 현장이다. 조례 등 법적 근거를 두고 만든 각종 위원회 회의 현장, 지자체가 예산을 투입해 진행하는 연구용역 보고회 자리 등 '공적 정보'가 공유되고 이에 대한 관계자들의 의견이 조율되는 그런 현장 말이다. 이 자리에서 나온 발언 역시 공적 정보로서 가치를 지닌다. 이럴 때는 책임자가 비공개하는 이유를 묻고 명확한 답변을 듣는 과정이 이뤄진다. 비공개 사유가 '공공기관의 정보공개에 관한 법률(약칭 정보공개법)'에서 적시하는 경우가 아니라면 취재를 하지 못할 이유가 없다는 설명이 오가기도 한다. 회의를 앞두고 공직자와 취재기자 간 일종의 실랑이가 벌어지고는 하는데 양측 모두 유쾌한 상황은 아니다.

회의록 공개 조례, 주민참여 조례 등을 통해 위원 명단은 물론 회의와 회의록은 공개하는 것이 법률에 명시된 원칙이다. 정보공개법은 비공개 대상 정보를 명시하고 있는데 이를 제외한 모든 정보는 공개토록 하는 네거티브 원칙을 기본으로 하고 있다. △**법률에 따라 비밀, 비공개 사**

항 규정된 정보(1호) △국가안전보장·국방·통일·외교관계 등 공개될 경우 국가의 중대한 이익을 현저히 해칠 우려가 있다고 인정된 정보 (2호) △공개될 경우 국민의 생명·신체 및 재산의 보호에 현저한 지장을 초래할 우려가 있다고 인정된 정보(3호) △진행 중인 재판에 관련된 정보로 공개될 경우 직무수행을 현저히 곤란하게 하거나 재판을 받을 권리를 침해한다고 인정할 만한 상당한 이유가 있는 정보(4호) △성명, 주민등록번호 등 개인정보로 공개될 경우 자유를 침해할 우려가 있다고 인정된 정보(6호 – 단 공공기관이 공표를 목적으로 취득한 정보, 직무를 수행한 공무원의 성명과 직위 등 제외) △법인·단체 또는 개인의 경영상·영업상 비밀에 관한 사항(7호 – 단 사람의 생명·신체 또는 건강을 보호하기 위하여 공개할 필요가 있는 정보, 위법·부당한 사업활동으로부터 국민의 재산 또는 생활을 보호하기 위해 공개할 필요가 있는 정보 제외) △공개될 경우 부동산 투기, 매점매석 등 특정인에게 이익 또는 불이익을 줄 우려가 있다고 인정된 정보(8호) 등이 비공개 사유에 해당한다. 이 조항들을 두고 해석의 다툼이 벌어지는 경우는 적다. 문제적 조항은 △의사결정 과정이나 내부 검토 과정에 있는 사항의 정보(5호)인데 '업무의 공정한 수행에 현저한 지장을 초래한다고 인정할 만한 상당한 이유'가 있어야 비공개 할 수 있지만, 이에 대한 해석이 기관마다 상당히 자의적이다.

"내부 검토 중인 사안이다", "기자가 있으면 불편하고 눈치 보여서 토론이 불가능하다" 등이 대표적으로 현장에서 취재를 거부당하는 이유다. 상당히 자의적이며, 합법적이지도 않다. 구체적인 사례로 살펴보면 도서관 활성화 방안, 소생활권 사업 방향, 상권 활성화 대책 등을 주제로 한 연구용역 착수-중간-최종 보고회 등에서 위와 같은 이유로 취재기자는 '쫓겨날 위기'에 처하기도 하는데 '업무의 공정한 수행에 현저한 지장을 초래한다고 인정할 만한 상당한 이유'가 있는지에 대해서는 의문이다. 지자체는 주요 사업을 진행키 전 타당성을 검토하기 위해 연구용역을 진행하는데 위에 열거한 사례는 오히려 정보공개법을 만든 이유인 '국정에 대한 국민의 참여 확보', '국민의 알권리 보장', '국정 운영의 투명성 확보' 차원에서라도 법령에 명문화된 말 그대로 '적극적으로 공개'해야 할 사안에 가깝다. 의사결정 과정에 주민이 개입하는 시점을 더욱 앞당기려면 연구용역이 끝난 '최종 보고회' 자리가 아닌 시작하는 단계, 중간 점검 단계 역시 공유되고 논의돼야 마땅하다. 주민은 의사결정 '과정'에 참여해야 한다. 그렇기 때문에 정보공개법 비공개 사유 5호는 보다 구체적으로 정비할 필요가 있다.

'옥천군 안남면 태양광 난개발' 사건은 주민이 의사결정 '과정'에 참여하지 못했던 대표적인 예시다. 산사태가 나 토사물이 쓸려 내릴 경우 민가가 직접적인 위협을 받을 수 있는 마을 뒷산을 개발해 태양광 패널을 설치한다는 소식을 주민들은 각종 중장비가 마을로 들이닥쳤을 때

옥천신문 1571호(2020년 12월 32일자)

인지했다. 태양광 개발 허가 절차는 이미 '끝난' 상태로, 개발사 측에서는 공사를 진행하려던 찰나였다. 주민들은 토사 유출과 산사태 위협에 대한 명확한 설명을 요구했지만 명쾌한 답변을 듣지 못했다. 덕실마을 주민들은 안전을 위협받는 상황에서 공사 중단 요구는 합당했고 다수 주민이 개발 행위를 두고 논의한 의견 수렴 과정이 없었던 만큼 허가를 취소해야 한다고 주장했지만 이것이 실현되기까지는 한겨울 천막 농성과 지방의회의 행정사무조사, 광역지자체의 행정심판을 거쳐야 하는 지리한 과정을 수반했다. 결과적으로 행정사무조사에서는 '주민 의견 수렴 절차에서 부정'이 드러났고, 행정심판위원회는 '소규모 환경평가를 피하려 쪼개기 허가를 진행한 부정'을 이유로 재심사 명령을 내렸다. 재심사 기회를 얻은 옥천군은 그제야 불허가 처분을 내렸다. 의사결정 과정에 주민 참여를 보장받았다면 이 같은 지리한 과정은 결단코 없었을 것이다.

옥천신문 1581호(2021년3월19일자) | 78일간 군청사 앞 천막 농성에 나섰던 안남면 태양광 반대 대책위원회가 충북도행심위 재결서를 성실히 이행하겠다는 군수 약속을 끝으로 투쟁을 마무리 지었다. 사진은 천막을 철거하고 기념 촬영한 모습. <옥천신문 자료사진>

#5. 풍요 속 빈곤이다. 정보의 양은 넘치지만 사적으로 소비하는 것이 아닌 공적인 참여를 위한 것은 여전히 빈곤하다. 적극적 정보 공개는 주요 의사결정에 주민 의견이 반영될 수 있도록 하는 첫 단추다. 조례상 근거한 각종 위원회 회의와 예산을 들여 진행하는 연구용역 사업 그리고 가장

중요한 지방의회 일정 등을 <옥천신문>이 꼼꼼히 살피는 이유다. 정보의 가치는 결국 주민들이 불편해하는 무엇인가를 풀어내는 수단, 어제보다 나은 오늘의 삶 그리고 나아질 것이라 기대하게 하는 수단으로써 사용돼야 한다.

<옥천신문>은 출입처를 엄격하게 구분하지 않는다. 독자와 주민 편의를 위해 기자마다 주요 취재 분야를 두고는 있지만 그 경계가 흐리다. – 부서(처)간 칸막이를 낮추어야 보이는 것들이 있다. <옥천신문> 기자들은 이 경계를 넘어 취재하고 관련한 주민 의견을 듣기에 융합적 사고를 하기 유리하다. – 그럼에도 불구하고 지방의회에는 붙박이 기자를 두고 있다. 지자체에서 진행하는 각종 사업에 대한 최근 정보에 접근할 수 있고 이를 두고 공식적으로 오가는 의견을 엿볼 수 있기 때문이다. 한 마디로, 공적인 참여를 가능케 하는 정보가 상당히 많다. 옥천군의회는 그 어느 지방의회와 비교해도 뒤지지 않을 정도의 정보를

공개하고 있다. 본회의와 상임위원회는 물론 집행부와 정기적으로 진행하는 간담회 역시 공개하고 있다. '옥천군의회 회기와 그 운영 등에 관한 조례'를 보면 연간 회의 총일수는 '정례회 및 임시회의' 회기를 합쳐 90일, 필요할 경우 10일을 더 연장할 수 있도록 돼 있다. 간담회는 여기에 포함돼 있지 않다. 공식일정이지만 조례상은 공식이 아닌 애매한 상태다. 하지만 중요도로 보면 정례회, 임시회 못지않다. 이 회의보다 더 많은 정보와 의견이 오가고 정책의 범위와 예산 등이 조율되기 때문이다. 옥천군의회는 예산안 최종 심의 전 진행하는 계수조정(집행부가 제출한 예산안에 대해 세부 내역을 조정하는 활동) 과정 또한 공개하고 있다. 예산 삭감이 이뤄진 의사결정 과정을 공개하고 있는 것이다. 계수조정 공개는 어쩌면 당연한 주민의 요구지만 각종 이유를 들어 이를 비공개로 하는 지방의회는 여전히 많다.

글
이현경

02
마을 만들기에 대한 단상

 마을은 그냥 사람이 살아가는 곳이다. 마을의 낙후란 무엇을 말하는 것일까. 그러면 그 개발과 발전, 선진이란 이름은 무얼 말하는 것일까. 진보란 또 무엇일까. 어떻게 해야 앞으로 더 나아가는 것일까. 마을에 돈이 돌아야 한다는데 그래야 살 수 있다는데 삶터를 순식간에 일터로 바꿔야 할까. 그러려면 이젠 치장해야겠지. 삶터를 관광지로 하든, 생태공원을 하든, 또 농산물 판매장을 만들든, 체험 농원을 만들든 누굴 위한 걸까. 마을을 통째로 잔뜩 포장을 한 채 누구한테, 어디에다 갖다 팔려고 하는 것일까.

되도록 부가가치가 높게, 그래서 돈을 많이 벌도록. 그렇게 해서 번 돈 다 어디에 쓰려고 하는 걸까. 그냥 마을 기금으로 또 개발의 자금으로 아니면 나눠 먹는 것으로, 아니면 다 같이 물건너 관광이라도. 아직도 잘 모르겠다. 무엇을 위한, 누구를 위한 마을 만들기인지를.

지금 체제는 여러모로 생활공간을 자꾸 잠식해가고 있다. 시군단위 행정체제에서는 읍 중심의 개발로 모든 예산을 허비하면서 그것이 전체 군 발전이라 이야기한다. 면은 몇 개의 특화 품목과 관광지의 예산 배정으로 가름하고 있다. 국가에서는 생활공간을 돌아보기보다 더 미세한 마을 만들기에 집중하고 있다. 그 마을은 서로가 경쟁하고 있고 경쟁대상이 되고 있다. 어느 마을은 무엇으로 지정됐고 어느 마을은 무슨 사업이 돼서 돈을 얼마 가져왔다면서 그것은 마을 이장의 능력으로 치부되며 마을마다 묘한 긴장감을 감돌게 하고 있다. 경쟁의 패러다임에 구겨 넣은 것이다. 마을마다 사업을 따내려 갖은 포장과 피 터지는 경쟁을 하면서 국비와 도비와 군비를 쓰느라 혈안이 되어 있다.

컨설팅 회사들이 이를 부추기고 군에서는 성과와 실적으로 이를 남기고 있다. 입간판 세우고, 건물 세우고, 갖가지 체험 프로그램 만들어놓고 농산물 판매 영업 호객행위 하면서 그리고 동네방네 홍보하면서 돈을 끌어모으려 하고 있다. 마을도 팔아야 사는 좌판에 나선 것이다. 이렇게 중간 단위의 생활공간은 안팎으로 위협받고 있다. 밖으로는 생활공간보다 더 크게 짜여진 안 맞는 옷처럼 걸쳐진 시군단위 행정체계에 의해 짓눌려 있고 안으로는 국가가 조장한 마을 만들기 경쟁대열에 서서 생활공간으로의 고민보다는 자체 사는 마을을 선진 새마을로 바꾸기 위해 출발선상에서 긴장하고 한숨을 몰아 쉬고 있는 것이다.

'땅' 총소리는 울린지 오래고 어떻게 하면 빨리 달릴까

선진 새마을의 대열에 낄 수 있을까 고민하는 것이다. 자연 마을의 이름은 점점 더 희미해져 가고 행정리동과 법정리동만 남아 있을 뿐이다. 모범마을과 범죄없는 마을만 남아있을 뿐이다. 우수마을과 선진마을만, 부자마을만, 체험마을만 남아있을 뿐이다. 크게 크게 그렇게 묶어서 사업이 되는 마을만 살아남는 것이다. 그것이 공원이 됐든, 관광지가 됐든, 체험농원이 됐든, 농산물 판매장이 됐든지 간에 살아남는 것이 장땡인 것이다. 그렇게 서로를 경쟁상대로 각개약진하면서 우리의 생활공간은 안팎으로 맘껏 유린되고 있다.

마을에 돈이 돌지는 몰라도 생활공간의 경제는 더 없이 취약해졌다. 이미 자급의 기틀인 장터가 사라진지 오래 됐고 수많은 버스 노선은 생활공간을 순환하기보다 읍으로 도시로 빠져나가는 빨대 구실을 했다. 그렇게 마을에 들어온 돈은 또 그렇게 고스란히 나가곤 했다. 마을이 수

많은 미디어에 노출되어 그 이름값이 올랐을지 몰라도 자체의 소통구조는 엉망이었다. 미디어에 오르내린 이름만 한없이 높아졌고 그 이름 좇아 수많은 지역에서 찾아오더라. 그 사람은 명망가가 됐고 마을 사람들은 모두 들러리가 됐다. 아이러니 하게도 마을이 미디어에 알려졌지만서도 마을 자체의 소통구조는 더 험난해졌다. 생활공간의 분위기는 더 삼엄해졌다. 마을마다 성적표를 받듯이 우수 마을과 못난 마을이 알음알음 정해졌으며 못난 마을은 왠지 모를 죄책감으로 패배의식으로 피해의식으로 시달려야 했다. 가뜩이나 어려운데 그렇게 아무렇게나 낙인찍는 그런 도장을 거부할 힘도 없었던 것이다. 그렇게 생활공간은 피폐해졌고 맘껏 유린됐다. 시군단위의 일극구조의 정책으로 잘 사는 놈 밀어주자, 잘 되는 놈 밀어주자의 그 정책으로 변방은 끊임없이 소외되었으며 면 1단위 생활공간은 그냥 행정체계로 거느리며 면적만 넓혀주는 기실 그들에게는 그렇게 돈이 안 되는 곳이었던 것이다. 국가는 마을단위 정책을 조장하며 생활공간을 흐트러놓았다. 전국에 있는 모든 마을을 경쟁의 대열에 올려놓았다. 이건 포장만 바뀌었을 뿐, 자발성을 강요하는 것일 뿐 새마을운동과는 별반 차이가 없는 것이다. 그렇게 자발성을 강요당한 마을 주민들은 컨설팅회사와 공무원과 빌붙어서 서로의 잇속 챙기기로 그렇게 아구가 맞아 수많은 사업계획이 양산되었고 그렇게 풀려진 돈은 누군가의 입으로 착착착 들어갔다. 그 논의구조에서 소외된 이들은 또 그렇게 버려지고 들러리가 되었다. 이처럼 자급, 자치 단위로 기능할 수 있는 읍면단위 생활공간을 한번도 제대로 사유하지 못하고 성찰하지 못하고 그냥 앉아서 맥없이 찌르면 찌르는 대로 그렇게 당하고 있었던 것이다. 권역별로 지멋대로 묶어 찢어 발기기도 했고 마을별로 수없이 경쟁을 시키기도 했다. 인위적인 그것은 절대 지속가능하지 않았다. 그렇게 보이려 포장만 할 뿐.

마을은 그렇게 박제화된 상품이 되었고 정치체제에 아무런 위협을 주지 않는 그은 선 안에서 그렇게 놀게 만드는 그런 정책으로 만들어진 것이다. 다듬어진 것이다. 하지만 생활공간의 자급과 자치를 고민했을 때는 달라진다. 이것은 당장 제도를 위협하는 작금의 정치를 위협하는 중요한 공간으로 자리매김할 공산이 크다. 아마 그런 정치적인 이유도 배제할 수 없을 것이다. 지금 행정체계가 읍면 단위를 아무런 기획 실행 기능이 없는 군 단위에서 시키는 일만 추진하라는 수직 위계 구조를 가지고 있는 것은 다름 아닌 면 단위 생활공간을 식민지로 건사하고 있는 것에 다름 아니다.

국가도 마찬가지다. 전국 각 지역에서 수많은 생활공간이 다시 살아나서 꿈틀대기 시작하면 권력들이 수많은 토1호들에 가지치기를 하며 건사했던 자기네 정치지형이 뿌리째 뽑히는 준동이 일 것이고 요동칠 것임을 우려할 것이다. 그렇게 서로의 간절한 필요에 의해 생활공간은 억압받고 있다. 제대로 된 활로를 찾지 못하고 있다. 이제 정말 우리는 우리의 생활공간에 대해 사유하고 성찰해야 할 것이다. 내 주위를 둘러보고 생각하자. 그리고 우리의 생활공간과 자치구역을 스스로 설정하자. 그리고 만나고 논의하고 연대하자. 거창하지만 진정한 독립운동은 자립운동은 자치, 자급운동은 지금부터 시작일는지 모르겠다. 최소한의 기본과 기초가 되는 풀뿌리 민주주의를 쟁취하기 위해 지금 우리는 충분히 최전선에 서 있다. 국가와 자본이 낼름 낼름 혀를 내밀고 골목마다 마을마다 진입을 시도하고 이미 상당부분 내몰리고 점령당한 상황에서 지금 우리는 어떤 선택을 할 것인가?

생활공간, 자치구역을 회복하자. 그것을 말하고 싶었다.

글
황민호

03
머리만 아픈 주민참여예산제, 목소리를 허하라!

주민참여예산제, 참 머리가 지끈 아파오지요. '참여'도 요즘 같은 바쁜 시대에 부담스럽긴 하지만 그래도 시대정신이라 하니 따라가겠는데 '예산'만 나오면 머리가 지끈지끈 아파오지요. 예산이라는 것이 결국 주민들 세금 모아 어떻게 쓸 것인지 살림살이 가계부 쓰는 것과 별반 다를 게 없을 터인데 왜 이리 머리가 아파오는지요. 그것은 통치자들이 관료들이 함부로 접근하지 못하게 어렵게 어렵게 만들어서가 아닌가 생각됩니다. 본예산이 어떻고 추경예산이 어떻고 세출, 세입예산도 참 헛갈리는 판에 당최

옥천신문 848호 (2006년10월26일자) | 삽화: 김윤 작가

어렵지요. 추경예산은 가을에 밭갈 때 쓰는 예산인가? 헤헤 참 쉽지 않지요. 그런데 주민참여예산제를 자치단체에서 한답시고 이 어려운 것을 가르치려고 용을 씁니다 그려. 딱딱한 책상머리에서 백날 예산 전문가 모셔와서 가르쳐야 하품만 나오지요. 꾸벅꾸벅 졸음만 오지요. 이게 뭡니까? 뭐하자는 작태지요. 주민들을 끌어내려 하는 게 아니라 더 못 오게 방어막을 치는 것이지요. 주민참여예산학교라는 것이 대부분 그렇더만요. 학교는 무신. 그러면 안 되지요.

그럼 어찌해야 되냐구요? 알면서 왜 그러셔유. 다른 건 필요없구. 당장 생활권역에서 가장 필요한 공공의 사회서비스에 대해서 말하는 자리가 되어야겠지요. 불편한 민원 개선해야 하는 자리가 되어야겠지요. 그런 목소리 잘 경청하여 귀 담아 듣고 예산 반영은 알아서들 하셔야지요. 물론 주민들과 계속 소통하는 자리는 필요하고 말고요. 모두에게 돌아가도록 모두가 목소리를 낼 수 있도록 마이크를 돌려주세요. 특정인의 목소리만 커지지 않도록 해주시고 한 명도 빠짐없이 소외되는 사람 없도록 신경을 써 주셔야겠지요. 글 모르는 할머니들도 이제 말을 하기 시작한 어린아이들도 이야기를 들어야 하겠지요. 그게 바로 만민공동회이고 시민의 광장 아고라 아니겠습니까. 주민참여예산제라는 말은 바로 이런 시민의 광장에서 나오는 것이지요.

안남에서 시작한 주민참여예산의 시초는 엄밀히 말하면 관에서 지금 실시하는 주민참여예산과는 다르게 시작을 했지요. 정책적으로 응해서 하기 보다 지역에 필요한 돈 스스로 모아 스스로 공론화하고 집행하기 시작한 것입니다. 그 재원이 어디서 났냐구요. 바로 한과 설움이 서린 대청호, 마을과 고향 산하를 뚝딱 삼켜버린 호수에서 나온 셈이지요. 더 자세히 설명하자면 1980년 금강을 뚝 잘라 대청댐을 만들고 인공 호수를 만들었지요. 그 호수는 대전, 청주, 천안 등 250만 충청권 주민의 식수원이라나 뭐라나 아무튼 그런 곳이에요. 그것 때문에 주민들이 사는 곳은 본의 아니게 상수원 보호구역으로 묶인 셈이지요. 옥천 사람들은 정작 그 물 못 먹는데 보호구역으로 지정돼 지네들 막 개발할 때 개발 못하게 막았지요. 뭐 지금에서야 좋은 환경 갖게 되서 참 좋다고 얘기하지만 일처리를 그렇게 하는 것은 아니지요. 옥천 주민들 대청댐 만들자 했을 때 삭발하고 단식하고 들불처럼 다같이 일어나 투쟁했거든요. 어찌됐든 그게 만들어졌고 상수원 관리차원에서 환경부는 유역청을 만들고 하류지역 주민들에게는 물이용부담금을 걷고 그 중 일부를 상류지역 주민들에게 주민지원사업비란 명목으로 준 것이지요. 환경부가 물장사를 한 것입니다요. 이 돈은 내는 사람도 받는 사람도 참 불만족하게 쓰였더랍니다. 내는 사람은 "물이 깨끗해지기는 하는겨"라는 불만이 있었고 받는 사람은 이깟 돈 갖고 생색낸다고 욕이 나왔지요. 그 돈은 정말 마을마다 가가호호 배분되어 그 돈으로 김치냉장고도 사고 에어컨도 사고 농기계도 사고 그리했지요. 밑빠진 독에 물 붓기 하듯 나눠진 것이 사실이지요.

옥천군에서 가장 인구가 작은 면, 1천500명 선도 얼마 전에 무너졌지요. 여기 안남면 주민들은 고향과 마을 일부가 잠기면서 얻어낸 돈을 이리 쓰면 안 된다 생각했던 거지요. 우리 돈을 모아내자. 그 돈으로 지역발전을 위한 종잣돈으로 쓰자 했지요. 그렇게 이야기가 모락모락 나왔고 공론화되면서 2006년 말 주민지원사업비의 30%를 지역발전을 위한 기금으로 쓰기로 결정을 합니다. 대략 매년 1억5천만원 가량 되지요. 이 돈을 어떻게 쓰는지를 누가 결정할거냐 이 논의가 남았지요. 전국이 마찬가지이겠지만 생활권역인 읍면동에 논의구조는 거의 없는 것이 사실이지요. 반상회나 마을회의도 거의 사라지다시피 하고 있지요. 면단위 논의구조는 면장의 생각이 이장들에게 전해지면서 짧고 얇게 회의가 끝나는 식이었지요. 그래서 주민들은 좀 더 많은 주민들의 의견을 반영하기 위해 고민을 했지요. 일단 면내 12개 마을 이장과 마을회에서 추천한 마을위원 12명, 그렇게 모아진 24명이 지역에서 일할 사람들 12명을 뽑았지요. 거창하게 말하면 지역과 비례대표를 뽑은 것이고 상, 하원을 뽑은 것이지요. 지역에서 일할 사람은 농가주부모임, 새마을지도자회, 부녀회, 자율방범대, 의용소방대, 주민자치위원회, 적십자회, 체육회 등 대부분 활동하는 지역 사회 단체장들이 참여했지요. 그렇게 36명의 위원이 안남면 전체 일을 건사하고 주민지원사업비의 용도를 논의해서 결정하기 시작한 것입니다. 면장과 공무원들은 옆에서 옵저버로 가만히 앉아서 듣고 그야말로 행정적인 지원을 했지요. 그렇게 시작된 지 6년이 다 되어 가지요. 지금은 회의를 한달에 한번씩 꼭 하고 이주에 한번은 운영위원회를 열어 자체 점검도 하고 교육도 하지요.

사업비 어떻게 쓰였는지 참 궁금하시지요. 맨 처음 한 일은 번쩍번쩍한 건물을 세우는 것이 아니라 면의 미래 계획을 세우는 일이었습니다. 도대체 우리가 어떻게 살 것인지 같이 고민해보자. 우리의 주업인 지역 농업이 어떤 방향으로 흘러가야 할지, 내가 사는 농촌이 어떻게 해야 살기 좋아질지 고민을 모아보자 의기투합을 했지요. 그래서 농업은 지역농업네트워크에 농촌은 (주)이장에 컨소시엄으로 마을에 들어오라 했지요. 사업비만 맡기고 보고서만 받는 그런 컨설팅이 아니라 주민이 주인되어 끊임없이 단도리를 했지요. 실행계획을 세운 겁니다. 2주에 한번씩 모여서 같이 공부하고 이야기를 나눴고 마을마다 순회하며 마을회관에서 무엇을 할 것인지 무엇이 필요한지 찐하게 이야기를 나눴더랬습니다.

무려 3년 동안 그렇게 계획을 세웠습니다. 적지 않은

시간이지요. 그렇게 하면서 지역에 필요한 것을 하나둘씩 해 나갔지요. 주민들 다 모여 안남면 비전 선포식도 하구요. 해마다 면사무소, 도서관 등 지역 내 잘 가는 곳에 스티커 붙이는 판을 설치해 지역발전위원회에서 공론화된 것들 중의 몇개를 적어내 주민들이 가장 필요한 것을 골라냈지요. 가장 먼저 이뤄낸 것은 마을 순환버스였습니다. 생활권역보다 큰 시군자치제를 하면서 모든 것은 시내 읍내 소재지 중심으로 발전했지요. 읍면의 버스는 더이상 생활권역을 순환하기보다는 소재지로 직행하는 빨대 구실을 했지요. 장터에서 만난 어떤 할머니는 안남 배바우장이 사라진 가장 큰 이유로 옥천읍내로 가는 시내버스가 생기면서부터라고 말하기도 했지요. 주민들은 그러했는지 마을 순환버스가 있었으면 좋겠다고 스티커를 왕창 붙였습니다. 할머니들 중심으로 벌어진 일이었지요. 안남 할머니들은 2002년 만들어진 어머니학교에 다니면서부터 자의식이 무척 높아졌지요.

그래서 버스를 구입하고 기사 인건비도 책정을 하려 했지요. 그런데 못하게 막은 것은 관이었습니다. 군에서는 옥천시내버스 지금도 적자인데 뭔 마을버스를 또 만들겠다고 그러냐고 안 된다 했고 금강유역환경청은 기사 인건비로는 지급할 수 없고 군과의 문제 때문에 섣불리 허가

옥천신문 971호 (2009년3월20일자) | 삽화: 김윤 작가

해 줄 수 없다고 으름장을 놓았지요. 이 무슨 귀신 씻나락 까먹는 소리르 하는 건지 알다가도 모를 일이었지요. 한참 어깃장을 놓았지만 그냥 그대로 포기할 주민들이 아니었지요. 밀어붙였어요. 주민 서명도 받고 군수 면담도 하고 할 방법을 꾸준히 강구했지요. 고민하다가 2007년 만들어진 배바우작은도서관 셔틀버스로 하면서 실질적인 마을 순환버스로 운영하기로 했지요. 그건 법적으로 가능했었거든요. 어쨌든 일명 '꼬마버스 바우'의 탄생 비화는 이렇습니다. 그 꼬마버스 바우는 마을 할머니들의 소중한 발이 되었어요. 버스비도 무료이고 매 정해진 시간에 딱딱서니 얼마나 편하셨겠어요. 만족도가 최고였지요. 마을 순환버스가 생기면서 읍으로 빠져나가는 인구보다는 이제 면에서 자주 만났지요. 면 소재지인 배바우 광장에서 만나 이야기를 자주 나눴더랬어요. 그렇게 나누다 보니 지난해

옥천신문 982호 (2009년6월5일자) <옥천신문 자료사진> ▶

말부터는 매월 넷째주 토요일 열리는 배바우 장터도 복원이 됐지요. 댐 수몰된 지 30년만에 다시 복원된 감격의 장터이지요.

마을 순환버스 말고도 지역의 브랜드도 주민들이 스스로 만들었지요. 지역브랜드로 '살맛나는 공동체 안남'을 만들고 농산물 브랜드로 '행복방앗간 배바우'를 만들었지요. 이것도 스티커 붙이기 놀이를 통해 결정된 것이지요. 안남면은 그렇게 재미나게 주민참여예산을 하고 있습니다. 주민참여예산제란 딱딱한 이름 붙이지 않아도 주민평의회에서 공론화하고 주민들 스스로 스티커 붙이기 놀이를 하면서 지역의 문제를 하나씩 하나씩 해결하고 있죠. 지역발전위원회 논의된 내용을 모두가 공유하려고 마을신문도 만들었지요. 2007년 만들어진 배바우 마을신문은 중간 중간 결호를 내긴 했지만 지금은 안정적으로 나오고 있습니다. 매달 타블로이드판 올컬러 8면으로 주민들의 소식을 실어나르고 있지요. 물론 무료입니다. 집집마다 다 배달되지요. 어떻게 무료냐구요? 맨처음 주민들이 모여 안남면 미래계획을 세웠다고 했잖아요. 그 계획으로 농림부에서 하는 농촌마을종합개발사업에 응모를 했거든요. 재수를 한 끝에 선정되어 5년 동안 54억여원의 돈을 받게

옥천신문 1741호 (2024년5월10일자) <옥천신문 자료사진>

됐지요. 원래는 5개 마을 권역사업으로 받았는데 5개마을만 사업하면 다른 마을 샘나고 서로 불편해지잖아요. 그래서 면 전체의 사업을 하기로 5개 마을은 결의를 해줬답니다. 이리하여 배바우 장터 사업도 배바우 마을신문 사업도 그 돈으로 건사하기 시작한 거지요. 그렇게 주민들이 모은 종잣돈은 이처럼 효용가치가 늘어났습니다. 바로 마음이 모아졌기 때문이지요.

옥천군에서 하는 주민참여예산제는 어떠냐구요. 안남의 사례에 비하면 빈약하지요. 군수가 쌈짓돈 처럼 쓰던 주민숙원사업비가 그냥 이름만 바뀌어 내려오는 것이지요. 주민참여예산제라는 것은 여벌이고 이미 벌써 마을마다 무슨 사업할 지 다 정해져 있지요. 아무리 공론화를 한다 해도 마을마다 순번이 있고 정해진 사업을 논의한다는 것이 어디 쉽겠습니까? 생색만 내는 거지요. 아무 것도 바뀐게 없지요. 어떻게 할지를 잘 모르는 것 같아요. 주민참여예산학교 열어 다 모아놓고 흉내만 내고 있는게 안타깝지요. 감투하나씩 씌워주고 줄세우기나 들러리 세우는 것 아닌지 의심도 되구요. 제대로 하기를 바랄 뿐입니다요. 이 정도로 이야기 해둘게요. 나머지는 직접 와서 보시고 같이 이야기를 나누시죠. 언제든 문은 열려있으니까 그냥 오셔유.

글
황민호

04
'옥천사람 순혈주의' 이제는 버리자

내가 태어나 학창시절을 보낸 곳은 경북이다. 어린 시절 대구, 경주, 안동 지역 곳곳으로 이십여차례 이사하며 살았다. 독립을 한 뒤 옥천으로 주소를 이전하고 살기 시작한지 15년째지만 지금도 고향이 어디냐는 질문을 받는다. 말투가 옥천 사람과 달라서다.

말투로 드러나는 특징은 곧잘 지역사회 내 타자화로 이어지곤 했다. 10년도 더 전 한 정치인은 비판적인 옥천신문을 두고 '옥천출신도 아닌 사람들이 옥천에 대해 이래라저래라 한다'고 목소리를 높이기도 했다. 옥천신문 종사자들은 주소지를 옥천에 둔 사람들이었지만, 그의 눈에는 타지사람일 뿐이었던 모양이다. 그에 호응하는 사람들도 있었으니 아마 그 정치인은 내심 공고한 옥천사람들의 지지에 뿌듯했을 듯 싶다.

그나마 나는 옥천신문이라는 옷이 있어 차별을 그리 받지 받았다. 내가 아는 한 주민은 20년간 동네에서 봉사해왔음에도 결정적인 순간, 이를테면 이장을 선출해야 하는 경우가 되면 배제되었다고 이야기했다. 또 다른 주민은 어떠한 옥천군 지원도 받지 않고 명소를 만들었음에도 옥천 사람이 아니라는 이유로 크고 작은 심적 부담을 느껴야 했다 토로했다. 중요한 일은 옥천에서 태어나 자란 진짜 옥천사람에게 맡겨야 한다는 논리는 공고했다.

출신만이 옥천사람 여부를 판단할 유일한 기준?

깨지지 않을 것 같았던 타자화는 오늘날 고령화와 인

구감소세 앞에 순식간에 무너진 듯 보인다. 지역소멸이 닥치자 단 한 사람의 귀농귀촌인이라도 모셔오기 위해 지자체는 물론 사회단체와 주민들도 동분서주한다. 이대로 가다간 정말 옥천이 없어질 수 있다는 위기는 일상이 되었다.

옥천의 폐쇄성이 많이 완화됐다지만 '타자화'라는 본질은 바뀌지 않았다. 옥천출신이 아닌 주민들에게는 말 그대로 기회만 열려있을 뿐, 지역사회나 사회단체에서 두각을 나타내고 주도적으로 활동하기란 여전히 어렵다. 지역사회에서 새로운 일을 해보고자 해도 원주민의 동의 없이는 과정 곳곳에서 타자화 논리가 작동한다. 군수나 도의원 및 군의원은 지역출신이면서 학교를 지역사회에서 나와야 당선가능성을 따져볼 수 있다. 본인이 옥천출신이 아니라면 배우자라도 옥천 사람이어야 한다. 말을 하지 않아 그렇지 곳곳에는 여전히 지역적 순혈주의의 잔재가 남아있다.

지역소멸 악순환을 막기 위해서는 '옥천사람'이라는 정체성을 인구유입정책의 핵심과제로 정해야 한다. 출신지가 옥천이 아니라도, 피부색이 달라도 같은 시대 같은 공간에서 함께 살아간다면 공론장에 참여할 수 있도록 허용한다. 공론장이 만들어지면 지역출신자들로 꽉 짜인 지역사회 기득권이 해체되고 '옥천'이라는 공통분모 아래 지역사회가 나아가야 할 길을 정할 수 있다. 제도를 만들고 적극적으로 참여를 독려하면서 함께 옥천의 지속가능성을 찾아야 한다.

이미 일부 마을단위에서는 변화가 시작됐다. 회복할 수 없을 정도로 악화된 고령화와 인구감소도 원인이긴 하지만, 최근에는 새로 정착한 주민이 이장도 되고 개발위원도 된다. 청년들이 마을에 정착해 농사짓는걸 돕고 지지하는 곳도 여럿이다. 청산면에서는 유튜버가 동네 이야기를 다루고, 주민들도 흥미롭게 바라본다. 여전히 옥천출신 운운하는 사람들이 있지만 이제는 주류가 아니다.

출산과 귀농귀촌에 초점을 맞춘 그간 인구증가 정책을 바꾸자. 인구를 늘리기 위해 돈도 주고, 일자리도 알아보고, 집을 마련해봐야 '옥천사람'으로 받아들여주지 않으면 허상이다. 새로운 공간에서 새로운 삶을 살아가려는 사람들이 옥천사람이 되어 지역사회의 미래를 함께 결정해야 한다. 한 사람 한 사람이 지역주민으로서 역할을 할 수 있어야 옥천의 지속가능성을 담보할 수 있다.

마침 옥천군에서 관계인구를 주요인구정책으로 도입했다. 관계인구는 출신지는 물론 현재 거주지가 옥천인지도 중요하지 않다. 주소지를 옥천에 두지 않아도 옥천사람이 될 수 있다는 이야기다. 이왕 관계인구를 도입한 만큼 향후 옥천군과 지역사회가 '옥천사람'의 범위를 넓히는 포용력을 보여줄 수 있었으면 한다.

글
권오성

어떤 장면

2. 옥천으로 대변한 '지역'

글	황민호 권오성 이현경
초판	2024년 9월 12일
펴낸이	황민호
펴낸곳	주간옥천신문(주)
출판신고	제2024-00002호
대표전화	043)733-7878
주소	충북 옥천군·읍 삼금로 1길 3-1, 1층
디자인	(주)우리동네 박수정, 유소현

ⓒ 주간옥천신문(주), 2024
ISBN 979-11-989096-1-9(03300)

이 책은 저작권법에 의해 보호받는 저작물이므로 무단 전제와 복제를 금합니다.
이 책 내용의 전부 또는 일부를 이용하려면 반드시 저작권자와 출판사
주간옥천신문(주)에 서면 동의를 받아야 합니다.

※ 잘못된 책은 바꾸어 드립니다.